空间信息对抗技术

王庆文 著

哈尔滨工业大学出版社
HARBIN INSTITUTE OF TECHNOLOGY PRESS

图书在版编目（CIP）数据

空间信息对抗技术/王庆文著. —哈尔滨：哈尔滨工业大学出版社，2019.1（2024.6重印）

ISBN 978-7-5603-7690-5

Ⅰ.①空… Ⅱ.①王… Ⅲ.①空间信息技术 Ⅳ.①P208

中国版本图书馆 CIP 数据核字（2019）第 224415 号

策划编辑　张凤涛

责任编辑　李长波　张艳丽

封面设计　博鑫设计

出版发行　哈尔滨工业大学出版社

社　　址　哈尔滨市南岗区复华四道街 10 号　邮编 150006

传　　真　0451-86414749

网　　址　http://hitpress.hit.edu.cn

印　　刷　黑龙江艺德印刷有限责任公司

开　　本　787mm×1092mm　1/16　印张 11.5　字数 300 千字

版　　次　2019 年 1 月第 1 版　2024 年 6 月第 2 次印刷

书　　号　ISBN 978-7-5603-7690-5

定　　价　80.00 元

（如因印装质量问题影响阅读，我社负责调换）

前 言

从20世纪60年代开始,随着空间技术的发展以及超级大国之间争夺世界霸主地位的激烈展开,太空已成为继陆、海、空等作战领域外的新的角斗场。以1991年的海湾战争,以及2003年的伊拉克战争为代表的信息化战争,进一步证明由各种功能的卫星及地面指挥控制系统组成的空间信息系统,对战场信息的获取、态势的感知、指挥与控制指令的传达等,发挥了不可替代的信息支援作用,为实现快速、精确、远程打击提供了有力的支持。从发展趋势看,以空间作战飞行器、动能武器、激光武器,以及各种侦察、监视、通信和导航卫星组成的空间攻防与信息对抗系统,把信息对抗的时空范围进一步扩大,传统武器装备和作战力量的作战效果得到了极大加强,对抗的激烈程度进一步升级,对抗的覆盖范围可遍及全球任何国家和地区,极大地提高了信息作战的威慑能力。在从机械化战争向信息化战争过渡的发展机遇期,加强空间信息对抗理论和技术的研究,尤其是空间信息对抗体系、对抗途径和对抗仿真技术的研究,对于进一步提高空间信息系统的安全保障水平,提高空间信息系统的对抗能力,获取空间信息作战优势,都具有十分重要的现实意义。

全书分为5章,第1章首先介绍了空间信息系统概念,然后介绍了空间信息对抗的概念与体系;第2章阐述了雷达对抗原理,主要包括4个部分:对雷达的电子攻击、有源干扰、无源干扰和雷达抗干扰技术;第3章阐述了通信对抗的原理,首先介绍了通信对抗的基本概念和通信干扰原理,然后说明了通信干扰功率的估算方法,最后详细说明了卫星通信对抗和扩频通信对抗的原理;第4章的内容是光电对抗,主要包括:光电对抗的基本概念、有源干扰和无源干扰的原理;第5章重点介绍了导航对抗。从内容安排上来看,本书侧重于雷达对抗和通信对抗,因为这两种对抗形式是空间信息对抗中常用的。本书对指导空间信息系统的建设、规划空间信息对抗的发展方向和思路,具有一定的参考价值。

本书为航空科学基金项目(201555U8010)、装备发展部重点实验室基金项目(614210401050317)和南昌洪都集团横向课题(J1-KJ-30W-2017-W73)研究成果。

由于作者的水平有限,书中难免有一些疏漏及不足,真诚希望广大读者不吝赐教,提出改进意见。

2018年11月

目 录

第 1 章 空间信息对抗体系与途径 ······ 1
1.1 空间信息系统概述 ······ 1
1.2 空间信息对抗概述 ······ 3
1.3 空间信息对抗体系 ······ 10

第 2 章 雷达对抗 ······ 32
2.1 对雷达的电子攻击 ······ 32
2.2 对雷达的有源干扰 ······ 45
2.3 对雷达的无源干扰 ······ 47
2.4 雷达抗干扰技术 ······ 62

第 3 章 通信对抗 ······ 80
3.1 通信对抗的基本概念 ······ 80
3.2 通信干扰原理 ······ 82
3.3 干扰发射功率估算 ······ 95
3.4 卫星通信对抗 ······ 109
3.5 对扩频通信的对抗 ······ 127

第 4 章 光电对抗 ······ 132
4.1 光电对抗的基本概念 ······ 132
4.2 光电有源干扰技术 ······ 134
4.3 光电无源干扰技术 ······ 148

第 5 章 导航对抗 ······ 163
5.1 卫星导航系统和卫星导航对抗 ······ 163
5.2 干扰原理 ······ 172

参考文献 ······ 177

第1章

空间信息对抗体系与途径

1.1 空间信息系统概述

1.1.1 空间信息系统的概念

信息系统是一个人造系统，它由人、计算机硬件、软件和数据资源组成，其目的是及时和正确地收集、加工、存储、传递和提供决策所需的信息。从技术上说，信息系统就是为了支持决策和组织控制而收集（或获取）、处理、存储、分配信息的一组相互关联的组件。从商业角度来看，信息系统是用于解决环境提出的各种挑战，并基于信息技术的组织管理方案。

空间信息系统是用于实施和保障空间任务的技术、装备与设施的统称，它是以天基综合信息网为基础构建的信息系统。天基综合信息网是由高、中、低轨道上各种类型的卫星系统、地面信息网络和应用系统组成的，并能综合集成陆基、海基、空基等多源信息，全面提升信息化系统的战斗力，具有信息威慑、信息保障和信息作战能力的陆、海、空、天一体化的综合信息系统。空间信息系统的主要功能包括空间信息获取、信息传输、信息处理、信息分发、信息保障支持和信息对抗等，主要为综合电子信息系统提供空间信息支援和信息战的能力。

狭义的空间信息系统主要由3大类子系统组成，即空间信息获取系统、空间信息传输与分发系统，以及空间导航与定位系统。空间信息获取系统是指利用空间设备获取信息的信息系统；空间信息传输与分发系统是指利用空间设备传递（链路级）信息的信息系统；空间导航与定位系统是指利用空间设备为应用系统或用户提供时空基准的信息系统。这3类系统不是完全割裂的，而是相互融合的。

空间信息获取系统主要包括下列7种系统：

（1）红外预警探测信息系统：如同步轨道预警探测信息系统和低轨道红外预警信息系统。

（2）成像侦察信息系统：成像侦察卫星包括光学成像卫星和雷达成像卫星，如光学成像/照相信息系统和合成孔径雷达（Synthetic Aperture Radar，SAR）成像信息系统。

（3）电子侦察系统：侦听敌方雷达、通信和遥测等系统所辐射的电磁信号，获取情报，如海洋监视信息系统、同步轨道电子侦察信息系统和低轨道电子侦察信息系统。

（4）天基雷达组网。

（5）空间测绘系统。

（6）气象信息系统。

（7）航天飞机和空间站系统。

空间信息传输与分发系统构成的信息系统数目很多，就支持传递的卫星系统而言，主要包括以下3种：

（1）各波段的同步轨道通信卫星系统：如 UHF 波段、L 波段、C 波段、Ku 波段和 Ka 波段等同步轨道卫星系统。

（2）中低轨道卫星通信系统：如"铱"星通信系统和"全球星"通信系统等。

（3）跟踪与数据中继卫星系统：如卫星数据系统（Satellite Data System，SDS）和跟踪与数据中继卫星系统（Tracking and Data Relay Satellite System，TDRSS）。

空间导航与定位系统主要包括卫星导航系统，如全球定位系统（Global Positioning System，GPS）、全球导航卫星系统（Global Navigation Satellite System，GLONASS）和伽利略（Galileo）系统。

1.1.2 空间信息系统的发展现状

我国自从 1970 年 4 月 24 日成功发射第一颗人造卫星"东方红一号"后，就把研制发展应用卫星作为空间技术发展的主要方针。早在 1965 年制定我国卫星系列规划时，返回式侦察卫星就被确定为中国卫星发展规划的一个重点，并于 1975 年获得首次飞行试验和返回成功，成为继苏联和美国之后，第三个成功发射返回式卫星的国家。至今，我国已成功建立起稳定运行的返回式遥感卫星、"中巴地球资源"系列卫星、"东方红"和"鑫诺"系列通信广播卫星、"北斗"导航卫星、"风云"系列气象卫星、"海洋"系列海洋观测卫星等多个系列的卫星系统。

截至 2008 年 6 月，我国共发射了 23 颗返回式侦察卫星、15 颗通信广播卫星、9 颗气象卫星、5 颗导航定位卫星、1 颗数据中继卫星、3 颗地球资源卫星，以及多颗对地遥感卫星和科学技术试验卫星。

1.2 空间信息对抗概述

1.2.1 空间信息对抗的相关概念

1. 信息

一般来说，信息是指反映客观世界中各种事物的特征和变化的组合，是一种有用的知识。从人类认识发展的必然规律来看，可将（广义）信息分为数据（Data）、（狭义）信息（Information）和知识（Knowledge）3 个层次。

（1）数据：通过独立的观察、测量而得到的原始消息，它是最低层次的信息。

（2）信息：经过组织梳理的数据集，对数据的组织处理包括分类、分级、建立索引与关联等。

（3）知识：经过分析并被理解的信息，对信息的理解在一定程度上提供了对数据所对应的事物间静态和动态关系的了解以及对这些事物的结构、历史或未来行为进行模拟的能力。

另外，也可把信息划分为语法信息、语义信息和语用信息 3 个层次。

（1）语法信息：描述事物的运动状态，具有客观的本性。

（2）语义信息：描述运动状态的含义，具有主、客观两方面的特性。

（3）语用信息：描述运动状态对观察者的价值或效用，具有更明显的主观特性。

概括起来，信息具有下面的重要性质。

（1）信息可被观察者感知、检测、提取、存储、传递、识别、显示、分析、处理、应用和共享,它是决策的依据、控制的基础和管理的保证。

(2) 在开放系统中,信息的价值并不恒定。

(3) 获取的信息量越多,人们对客观事物的认识的不确定程度、未知程度、怀疑程度和模糊程度就会越少。

2. 空间信息战

信息战是敌对双方在信息领域的对抗活动。对抗中的"资源"和"产品"主要是信息和信息系统。信息战的目的在于获取己方的信息优势。信息优势体现在支配作战空间认知的程度和支配信息控制能力的程度两个方面。信息战的目标和组成部分如图1.1所示。

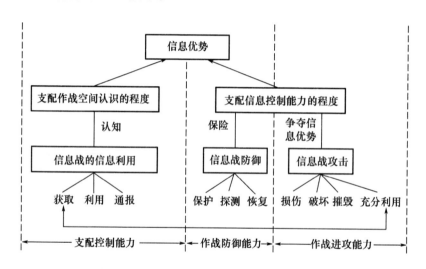

图1.1 信息战的目标和组成部分

信息战将注重破坏敌人的信息网络,使敌方无法有效地获取和利用信息,从而使其不能协调行动。从其性质而言,信息战也可包括进攻和防御两大方面。进攻性信息战是为己方自由地利用信息和防止敌方自由地利用信息而进行的心理战、战术欺骗、电子战、直接攻击等行动,它主要包括窃取或破坏敌方数据,发布欺骗性或虚假信息,阻断敌方获取信息的途径,摧毁敌方计算机、武器平台以及存储和分发数据的设施等。防御性信息战是指保护己方的信息系统不被敌方攻击,以顺利地获取和传递信息,它主要包括防止计算机病毒、控制器和编码技术的开发与利用,以及安装防止敌人攻击的网络安全系统等。

空间信息战可以定义为：在军事冲突中，以空间信息系统及基于空间系统的计算机网络为主要攻防对象，为达到信息获取、传输、处理全过程优势而采取的各种军事行动，包括空间的相互信息攻防行动以及空间同地面之间的相互信息攻防行动。

3. 空间信息对抗

随着空间和电子信息技术的迅速发展和广泛应用，空间和电子信息系统在政治、军事、经济等领域的战略地位日益提高。卫星技术在通信广播、导航定位授时、遥感、地球资源和环境监视、军事侦察、测绘和气象等方面的能力已经体现，并将在更广和更深程度上体现对信息革命的价值。空间和电子信息技术发展的深远意义还在于，它能将分布广泛的地面设施、武器平台以及作战部队的作用高度集成，使其能力极大地增强，因而将成为政治进步、军事革命和经济发展的巨大推动力量。

从近几次高技术局部战争来看，航天技术和信息技术的广泛应用，使战争的形态发生了重大变化，将航天技术和电子信息技术相结合，广泛应用于作战准备、战场侦察监视、作战指挥控制、作战实施、作战保障等全方位全过程，已逐步发展为一种新的作战样式——空间信息对抗。

要认识空间信息对抗，首先需要理解信息对抗的概念和内涵。关于信息对抗的概念众说纷纭，至今尚无定论。我们认为信息对抗可以理解为敌对双方为争夺信息空间的制信息权，综合利用以信息技术及装备为主的各种作战手段所展开的全时空信息较量的斗争。它是围绕着信息、信息处理过程、信息系统和计算机网络而进行的信息对抗，通过利用、封锁及施加影响等手段，攻击敌方的国家和国防信息基础设施以及指挥控制系统，以夺取和保持决定性的信息优势，并进而使整个部队在战场上处于优势。信息对抗是敌对双方在信息领域和认知领域的对抗活动，包括信息的攻击和防御，对抗中的资源主要是信息和信息系统，目标在于获取信息优势。信息对抗从作战样式可以分为指挥控制对抗、情报对抗、电子对抗、网络对抗和心理对抗等。

空间信息对抗，简言之就是以空间信息系统为主要资源的信息对抗。具体而言，它是以空间信息网络为战场，空间信息技术为核心、为武器，以破坏敌方核心的空间信息系统保护己方空间信息系统为目标的攻防行为。空间信息对抗包括控制空间和利用空间两个部分，即以太空为战场的信息作战和利用航天技术所进行的信息作战。

空间信息对抗是敌对双方在空间争夺制信息权的作战行动，是利用、破坏敌方和利用、保护己方的空间信息、信息系统而进行的作战行动。从性质上看，空间信息对抗可分为空间信息对抗的进攻、防御和支援3种类型。空间信息对抗进攻是攻击敌方空间信息的作战行动；空间信息对抗防御是防御敌方空间信息进攻的作战行动；空间信息对抗支援是支援在空间信息进攻或防御中的作战行动。

要打赢一场空间信息战，关键在于如何摧毁敌方空间信息系统并有效地保障自身空间信息系统的安全，建立攻防兼备的空间信息防御体系，夺取空间战场信息的控制权。

空间信息对抗的目的是夺取空间信息优势，是攻防兼备的网络作战行动。空间信息对抗的实施对象或是空间信息系统及设施，或是信息的流通过程。因此，对空间信息对抗可以描述为：空间信息对抗是敌对双方在空间信息领域为争夺对空间信息的获取权、控制权和使用权，主要通过信息技术手段及装备所展开的网络对抗行为。

空间信息对抗与空间攻防的概念是有区别的。空间攻防是指敌对双方为争夺空间战场利益要素的控制权、获取空间优势而在整个空间领域开展的攻击和防御兼备的作战行为。空间攻击一般指通过摧毁、干扰敌方空间载体等攻击手段来阻断、降低敌方利用空间获取信息、传输信息，使得敌方不能利用空间或降低其空间利用率。空间防御一般指抵御敌方对我方空间载体的摧毁与干扰，尽最大效能地通过空间来获取信息、传输信息。从攻防作用的效果可以分为硬摧毁、软杀伤以及灵巧攻击（空间格斗）等，从攻防作用方式可以分为卫星对抗、链路对抗、电磁对抗、信息对抗等。空间攻防武器系统一般包括激光武器、微波武器、空间机器人、空间作战飞行器、动能武器和天基对地打击武器等。

空间攻防、信息对抗和空间信息对抗的关系如图1.2所示。由空间攻防的概念可以看出，空间攻击和防御的目的都是为了获得空间能量优势，最后都反映为对信息的控制,空间攻防的核心是空间信息对抗。空间信息对抗任务主要是破坏敌方的天基综合信息系统,削弱其获取、处理、传递和使用信息的能力,并保护我方作战信息和信息系统安全。

图 1.2 空间攻防、信息对抗和空间信息对抗的关系

4. 空间信息安全

从不同的角度分析,信息安全有不同的定义。从信息流的角度看,信息安全是指保护信息及信息系统在信息存储、处理、传输过程中不被非法访问或修改,而且对合法用户不发生拒绝服务的相关理论、技术和规范;从信息属性的角度看,信息安全就是关注信息本身的安全,而不管是否应用了计算机或其他信息系统作为信息处理的手段。从信息资产价值的角度分析,信息安全的任务是保护信息财产安全,以防止偶然的或未授权者对信息的恶意泄漏、修改和破坏,从而导致信息的不可靠或无法处理等。

信息安全分类也不同,在计算机和网络上信息的处理是以数据的形式进行,在这种情况下,信息安全可分为数据安全和系统安全;从数据通信的角度看,信息安全可分为通信实体的安全和通信链路的安全;从信息流的角度看,信息安全可分为信息获取的安全、信息存储的安全、信息传递的安全、信息处理的安全、信息利用的安全和信息销毁的安全。对现代信息系统来说,信息安全主要由通信安全保密,"暴风雨"、计算机及网络安全保密和系统生存能力4个部分组成。

信息安全的属性主要有完整性、机密性、可用性、不可否认性、可控性等。

(1) 完整性:信息在存储或传输过程中保持未经授权不能改变的特性,即对抗主动攻击,保证数据的一致性,防止数据被非法用户修改和破坏。

(2) 机密性：信息不被泄露给未经授权者的特性，即对抗被动攻击，以保证机密信息不会泄露给非法用户。

(3) 可用性：信息可被授权者访问并按需求使用的特性，即保证合法用户对信息和资源的使用不会被不合理地拒绝。对可用性攻击就是阻断信息的合理使用，如破坏系统的合理运行就属于这类攻击。

(4) 不可否认性：也称为不可抵赖性，即所有参与者都不可能否认或抵赖曾经完成的操作和承诺，发送方不能否认已发送的信息，接收方也不能否认已接收到的信息。

(5) 可控性：对信息的传播及内容具有控制能力的特性。授权机构通过监测和过滤等方式，可以随时控制信息的传播，能够对信息实施安全监控。

简而言之，信息安全，就是保证信息的安全属性不受侵害。

因此，站在信息流的角度看，空间信息安全就是指保护空间信息及信息系统在信息存储、处理、传输过程中不被非法访问或修改，而且对合法用户不发生拒绝服务的相关理论、技术和规范；站在信息安全属性的角度看，空间信息安全就是指保护空间信息及信息系统的机密性、完整性、可用性、不可否认性和可控性。空间信息安全是空间信息对抗中信息防御的主要内容，它应以空间信息安全保障体系、空间信息安全风险管理、空间信息安全效能评估以及关键的信息安全防御技术作为研究的重点。信息安全、空间信息安全、空间信息对抗、空间信息攻击之间的相互关系如图1.3所示。

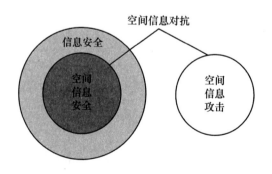

图1.3 信息安全、空间信息安全、空间信息对抗、空间信息攻击之间的关系

1.2.2 空间信息对抗需求

军事和国防应用是推动空间信息系统发展的重要原动力，不断发展的新需求是空间信息系统持续发展的生命线。随着世界新军事变革的到来，未来战争的作战样式发生了很大的变化，从原来的机械化作战转变为信息化作战；从原来的协同作战转变为一体化联合作战；从原来的平台作战转变为网络中心战。在这些新的作战样式中，对空、天、地一体网络的作战需求很多，从不同的角度有不同的划分，按照作战层次可划分为战略层次需求、战役层次需求和战术层次需求；按照作战信息能力可划分为渡海登岛联合作战的信息支持能力、区域综合防空作战的信息支持能力、对航母战斗一群的精确打击的信息支持能力、以空间攻防对抗为主要手段的信息战能力、从传感器到发射器近实时打击闭合链路的信息支持能力、战术导弹对区域目标进行饱和精确打击的信息支持能力、战略核反击作战的信息支持能力；按照作战任务不同，可划分为威慑需求、信息支持与保障需求、信息攻防对抗需求和空间攻防对抗需求；按照信息作战的要求，可划分为借助空间信息系统提升指挥控制能力、借助空间信息系统提升一体化综合作战能力、借助空间信息系统集成战场综合信息系统、借助空间信息系统提供实时战场态势信息、借助空间信息系统提升精确打击能力和借助空间信息系统提升防御作战预警能力等。空间信息系统对抗需求划分如图1.4所示。

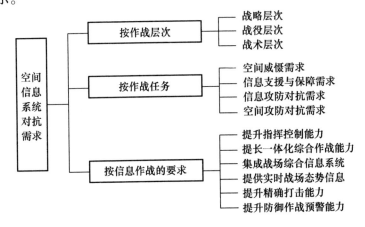

图 1.4　空间信息系统对抗需求划分

1.3 空间信息对抗体系

1.3.1 相关概念

空间信息对抗是一个完整的、不可分割的、此消彼长的矛盾体系。对抗双方争夺的核心是"制信息权",采用的弹药是"信息",目的是获得"对空间信息网络的控制",对抗效果反映在"空间信息系统的性能指标"上,对抗的原动力是由"不确定因素"造成的。

因此,对空间信息对抗的研究,应从"信息价值"的衡量指标入手,建立信息的"不确定性"(信息熵)理论,并根据这一理论,对影响信息价值的安全性、受控性、可靠性和实时性等综合指标的"不确定性"进行深入分析,然后从对抗体系的角度出发,系统地研究攻防模式、攻防方法以及攻防效果,找出它们与网络性能和信息价值之间的定性与定量关系,为构建空间信息对抗体系,研究其对抗技术方法,实现对抗仿真和对抗效能评估奠定理论基础,提供科学、可行的解决方案。

1. 信息价值指标

在空间信息对抗和网络对抗中,信息是一种重要的资源,由于信息空间的虚拟性和广阔性(全球信息栅格使信息在时间和空间上无处不在),使其上传播的"信息"渗透到现代经济、军事和社会的各个层面和各个角落。对敌我双方来说,如何保存己方信息资源的价值,降低或破坏敌方信息资源的价值,成为获取信息战争,乃至于整个战争胜利的关键。

信息的价值与使用信息的对象密切相关(空间相关性)。一种信息对一方的价值不必等同于对另一方的价值,只有与使用者的切身利益紧密相关的信息才是有价值的信息。同样,使用者驾驭信息的能力,也反映出信息的价值。只有当使用者在获取利益过程中具有利用信息资源的能力时,信息资源对使用者才有价值。信息的价值还包括其可用性。信息的可用性限定了信息可操纵利用的程度以及信息内容开放的程度。对己方来讲,它由信息的共享程度反映;对敌方来讲,它与信息的秘密性或机密性相关。对信息价值产生影响的因素还包括完整性,它是对信息的整体性、准确性、完备性、真实性、可靠性的综合度量。信息完整性常与真实性密切相关。时间是影响信息价值的一个非常重要的因素（时间相关性）。信息的价值可与时俱增，也可与时俱降，实时性、及时性往往是决定信息价值，乃至战争胜负的关键。

信息优势取决于哪一方能从信息对抗中获取更大的信息价值，如果进攻方的信息可用性增加，防御方的信息可用性和完整性降低，就会达到增大进攻方的信息价值和降低防御方的信息价值的效果。

因此，信息的价值可用以下公式表示：

信息价值（Information-Value）= 空间相关性（Space-Relativity）+ 驾驭能力（Control-Ability）+ 可用性（Availability）+ 完整性（Integrity）+ 时间相关性（Time-Relativity）。

信息价值的衡量标准见表 1.2。

表 1.2 信息价值的衡量标准

一级指标	二级指标	描述
空间相关性	信息敏感度	信息对战场的重要程度
	信息作用域	信息涉及的作战区域
时间相关性	实时性	从信息产生到获取信息的响应速度
	及时性	从信息获取到信息利用的时间跨度
驾驭能力	……	信息收集、传输、分析、处理和利用的能力
	专业性	对信息的授权和访问控制能力
可用性	共享性	对信息资源的共享能力
	保密性	对信息的保密能力
完整性	完整性	使用者所需的信息是否完备
	真实性	信息的来源是否真实
	准确性	信息的内容是否正确无误

可见，如果不考虑信息的时空特性和驾驭信息的能力，单从技术角度分析，信息对抗对信息价值产生的影响，主要涉及信息可用性和完整性两个方面（图 1.5）。现有的众多信息对抗和网络对抗技术、方法和手段，都会直接或间接影响到信息的价值。对于无法影响到信息价值的技术、方法或手段，无论

其技术上如何先进、方法上如何多样、手段上如何高超，都是没有意义的。信息价值指标为研究空间信息对抗体系，确定对抗仿真的对象、方法和标准，明确对抗之间的作用关系奠定了基础，指明了方向。

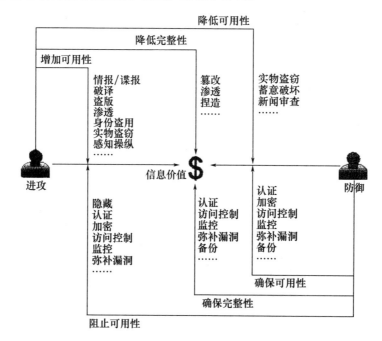

图1.5　信息对抗对信息价值的影响

2. 不确定性理论

不确定性，即熵（Entropy）。在热力学中，是指用热量除温度所得的商，标志热量转化为功的程度，在信息领域，信息的不确定性采用以下公式计算，给定一离散集合

$$X = \{X_i, i = 1,2,\cdots,n\}$$

令 X_i 出现的概率为

$$P(X_i) \geq 0, 且 \sum_{i=1}^{n} P(X_i) = 1 \tag{1.1}$$

事件 X_i 出现给出的信息定义为

$$I(X_i) = -\log_a P_i \tag{1.1}$$

它表示事件 X_i 出现的可能性大小，也是为确定事件 X_i 的出现所必须付出

的信息量。通常 $a=2$（二进制表示下），相应的信息单位称为比特。将集合 X 中事件 X_i 出现给出的信息的统计平均值为

$$H(X) = -\sum P(X_i)\log_2 P(X_i) \geq 0 \tag{1.3}$$

定义为集合 X 的熵，即集合 X 中事件的平均不确定性。显然，当集合 X 中每个离散事件 X_i 的出现概率均为 1 时（即事件是确定的），$H(X)$ 最小（等于 0）。

从信息不确定性的角度来观察空间信息对抗体系，可以把敌我双方的对抗性质归纳如下：

我方：尽量使信息系统可控、可操作、可用，减少不确定事件的发生，即尽量使信息熵最小化。

敌方：尽量使信息系统紊乱，增加事件发生的不确定性（随机性），使信息熵最大化。

双方对抗的目的是尽量使己方系统的信息熵最小化，使敌方系统的信息熵最大化。

如果把敌我双方的网络看成是一个对抗的整体，那么按照热力学熵的能量守恒原则，网络对抗的结果只会造成整个网络系统中信息熵的增加（使网络时空变得更加无序）。

空间信息对抗的综合效能主要反映在信息的实时性、可用性、完整性等方面，而它们又与系统的可靠性、抗毁性、安全性和可控性等因素密切相关。从不确定性方面来看，实时性反映为信息传输、处理时间上的不确定性；可靠性反映为信息网络节点和数据链路运行状态的不确定性；安全性反映为信息价值和系统性能上的不确定性；可控性反映为系统控制能力上的不确定性。网络的信息熵取决于上述各种不确定性因素的期望概率之和。显然，熵越小，系统的确定性就越高，整个系统的对抗效能和系统的可观、可控性就越好，当外来攻击造成不确定干扰时，检测攻击事件并降低攻击威胁的能力也就越强。

从本质上讲，空间信息对抗是对抗双方争夺空间信息的控制权，一方面研究各种防御技术和手段，提高己方信息系统的确定性和反控能力；另一方面研究各种攻击技术和手段，降低敌方信息系统的确定性，控制其信息为我所用。

1.3.2　空间信息对抗的能力体系

为了完成在未来空间作战中夺取和保持空间战场信息优势的使命，空间信

息对抗系统应该能够遂行对敌国（敌方）空间信息系统实施战略性、战役性和战术性攻击的任务，尤其应具备与军事强国争夺空间制信息权的总体能力。具体表现为空间信息支持能力、空间信息攻击能力和空间信息防御能力3个方面。空间信息对抗的能力体系如图1.6所示。

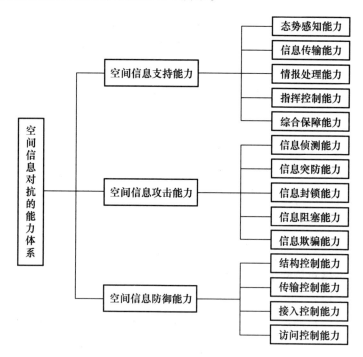

图1.6 空间信息对抗的能力体系

1. 空间信息支持能力

（1）态势感知能力。

空间信息系统有大量的雷达、卫星、激光、红外和电子侦察等多种探测设备，它们在很大地域、很宽频带上，从全方位、全频段以多种方式探测情报信息和监视战场的动态。

（2）信息传输能力。

信息传输能力主要是指将信息从传感器网络传递到指挥控制网络，再传递到火力打击网络的能力，该能力的强弱通过信息传输的可靠性、及时性、可用性、可达性等指标衡量，良好的信息传输能力能够使处于战区任意位置的部门或个人及时获得所需的作战信息。

（3）情报处理能力。

情报处理能力主要指空间信息系统中信息的传输、变换、校核、纠错、存储、显示和输出能力等，在空间信息系统中的作战模拟、目标识别、侦察情报处理、虚拟现实等方面都需要有快速、高效的计算处理能力。系统通过采用并行处理、网格计算、高性能计算机系统等技术和手段保证情报处理的高速性和高效性。

（4）指挥控制能力。

指挥控制能力主要包括一体化联合作战指挥能力、高可靠的对抗生存能力、先进的信息融合与分析能力、全面实时的战场监控能力和科学准确的决策支持能力等。

（5）综合保障能力。

综合保障能力主要包括互连、互通、互操作能力，准确、及时的气象保障能力等，空间信息系统互连能力是保障对内和对外的通信链路通畅的能力；互通能力是为系统对内和对外远程交换进程提供一套统一的服务；互操作能力是系统的多个应用系统之间的相互对话和对其信息进行操作的能力，也是应用层及用户间的服务交换和协作能力。为了实现高效的互连、互通、互操作能力，必须将"烟囱式"系统改造成联合的无缝连接的开放式体系结构，建立共同操作的统一标准和信息共享的标准界面，使系统能够在任何时间和任何地点提供一个综合的、实时显示的作战空间的图像；使战斗员能及时地响应和协同水平与垂直的作战任务；使指挥官和参谋在任何地方都能无缝地连到所有的空间信息系统上去，从而控制和监视空间信息网；使参战者得到精确的、完全的和实时的、经过综合和融合的全部的多媒体和各种格式的信息。气象保障能力一般包括气象资料数据库的存储和访问能力，实时气象情报资料的采集、传递能力，气象信息处理、分析和填图能力，危险气象预测与告警能力，气象报告和建议生成能力等。

2. 空间信息攻击能力

（1）信息侦测能力。

信息侦测能力是捕获空间网络信息，鉴别信息的真伪，识别所携带的内容、信源与信宿的地址和网络特征，进而探测与识别网络的拓扑结构以及通信协议的能力。其目的是降低敌方信息的可用性，增强己方信息的可用性，提高己方信息的空间相关性。

（2）信息突防能力。

信息突防能力是通过身份假冒、伪装欺骗、链路信息注入、漏洞利用等方式突入敌方空间信息系统的能力。其目的是降低敌方信息的可用性，增强己方信息的可用性，提高己方信息的空间相关性。

（3）信息封锁能力。

信息封锁能力着眼于敌方信息系统的拓扑结构，破坏其关键信息节点和链路，封锁敌方信息传输通道，其手段有节点破坏法、链路破坏法等。目的是降低敌方信息的可用性和时空相关性。

（4）信息阻塞能力。

通过对敌方网络施放过载的干扰和破坏信息，迫使其正常的信息服务瘫痪、传输延缓或阻塞。其目的是降低敌方信息的可用性和时间相关性。

（5）信息欺骗能力。

通过隐藏、伪造、篡改敌方信息的方式达到信息欺骗的能力。其目的是降低敌方信息的完整性和时间相关性。

3. 空间信息防御能力

空间信息防御能力应该从信息控制的角度提出。从根本上讲，空间信息对抗实质是对信息时空战场的控制权与反控制权的争夺。信息防御能力可分为：

（1）结构控制能力。

对未知的或动态变化的网络拓扑结构和信息结构进行规划、调节和监控的能力。结构控制包括拓扑结构控制和信息结构控制。其目的是确保己方的信息可用性，提高己方信息的空间相关性。

（2）传输控制能力。

传输控制能力是对信息节点的信息接收和发送过程以及在链路上的传递过程进行控制的能力，包括收发控制能力和传递控制能力。收发控制用于监测和控制节点接收和发送过程中的行为，包括数据完整性控制、数据保密性控制和数据可用性控制；传递控制用于监测和控制在路由或交换节点的转发和传递路径，以及传输信息的安全性，包括流量控制、多播报文控制、报文回溯控制、审计跟踪控制。其目的是确保己方信息的可用性和完整性，阻止敌方信息的可用性，以及提高己方信息的时间相关性。

（3）接入控制能力。

接入控制能力是对不可信任的实体接入信息系统中而进行的身份验证以及地址、端口的分配和设置能力。其目的是确保己方信息的可用性和完整性，阻止敌方信息的可用性。

（4）访问控制能力。

对提供服务和资源给用户的各种行为和整个过程进行约束、授权和记录的能力。访问控制包括入口访问控制、安全标记控制、端口扫描控制、主动入侵控制和事件检测控制等。其目的是确保己方信息的可用性和完整性，阻止敌方信息的可用性。

1.3.3 空间信息对抗的结构体系

空间信息对抗是建立在空间信息基础之上的，针对空间信息流程的信息攻防行为，其结构体系如图 1.7 所示。信息攻击是指利用空间信息网络侦测、渗透、封锁、阻塞、欺骗等软杀伤手段，干扰、破坏或瘫痪敌方空间信息网络系统，降低其信息作战效能的行为。

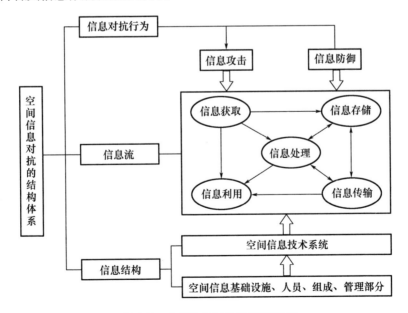

图 1.7 空间信息对抗的结构体系

信息防御是指利用结构控制、传输控制、接入控制和访问控制等控制方式，采用信息加密、鉴别交换、访问控制、信息流控制和消息认证等安全机制，构建保护、检测、预警、响应和恢复一体化的信息安全防护体系的行为。

空间信息系统的信息结构是用于获取、传输、存储、处理和分发网络信息的整个基础设施、人员、组织和管理部分的总和。空间信息技术系统作为空间信息系统的一部分，是执行信息网络功能的用于获取、传输、存储、处理和分发网络数据或信息的计算机硬件、软件和固件的任何组合。空间信息系统是在信息技术系统的基础上，综合考虑了人员、管理等系统综合运行环境的一个整体。

空间信息基础设施是建立在陆、海、空、天一体化综合信息系统基础上的空间信息系统。它由空间通信网络系统、空间指挥与控制系统、空间侦察与预警系统、空间监视与情报处理系统等分系统构成，涉及空间信息获取、处理、分发、传输和存储的各个环节，为导航定位、侦察、通信、预警、监视等空间信息支援和空间信息对抗提供技术和能力保障。

1.3.4 空间信息对抗装备体系

空间信息对抗装备是武器装备的重要组成部分，也是信息战时代的军事基础设施。空间信息对抗装备是由信息支持装备、信息攻击装备和信息防御装备组成的，其体系如图 1.8 所示。

1. 信息支持装备

（1）信息获取装备：主要包括成像侦察卫星系统、电子与红外侦察卫星系统、气象卫星、测绘卫星、预警卫星和重力卫星等，主要用于获取全球战略目标和战区战术目标的图像、电子信号、目标位置、地形、气象等信息，对敌空间和地面重要军事目标的侦察和监视，为空间信息攻击系统实施信息作战提供情报支援。

（2）信息传输与分发装备：主要包括跟踪与数据中继卫星系统、通信卫星系统等。通信卫星系统不仅是国防通信网的重要组成部分，负责战略战术和战场信息的传输和分发，而且是向最终用户传送地面任务综合管理控制中心信息产品的纽带。跟踪与数据中继卫星系统则是空间信息对抗装备系统中空间信息

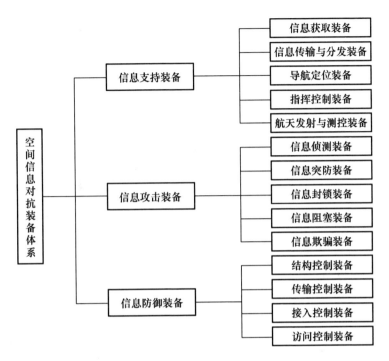

图 1.8　空间信息对抗装备体系

源与地面系统之间的高速数据传输通道，可扩大信息获取和卫星测控通信的范围，加快信息传递速度，提高卫星侦察信息的实时性和打击效果评估的时效性。

（3）导航定位装备：主要包括卫星导航定位系统。卫星导航定位系统不但是高技术武器系统的组成部分，各兵种、各武器平台作战的重要保障系统，还能为空间信息对抗装备系统中众多的在轨卫星、运载火箭、空间安全与防御系统提供高精度轨道、弹道、姿态测量能力。

（4）指挥控制装备：主要包括空基、地基、天基等指挥控制网络和相应的计算机系统、信息管理系统、情报处理与分析系统、决策支持系统等，完成空间信息对抗作战的信息接收、处理、决策、指挥和控制。

（5）航天器发射与测控装备：包括航天器运载平台、发射平台与测控系统等。为确保空间信息对抗装备能正常入轨并保持长期稳定运行，必须要有性能良好、抗毁和生存能力高的航天发射与测控装备，提供所需的运载能力和测控管理能力。

2. 信息攻击装备

信息攻击装备以软件装备为主，按照其作战能力，大致可分为 5 个方面。

（1）信息侦测装备：对信息获取装备获得的空间信息流进行分析，研究并取得空间信息网络的拓扑结构、数据格式及其通信协议，识别关键信息流、关键信息节点和信息的传播规律。主要装备包括空间网络的拓扑分析系统、协议分析系统、信息过滤系统及密码分析与破译系统等。

（2）信息突防装备：利用空间信息系统或网络协议存在的缺陷，非授权地进入敌方网络系统。主要装备包括计算机病毒、连接劫持攻击系统、缓冲区溢出攻击系统等。

（3）信息封锁装备：对关键信息节点和信息流采取强力破坏的方式，彻底瘫痪敌方信息网络。主要装备包括计算机病毒、逻辑炸弹等。

（4）信息阻塞装备：对关键信息流和信息节点实施过载攻击和脆弱性攻击，影响或阻塞正常的信息流和服务。主要装备包括服务拒绝及分布式服务拒绝攻击系统、重放攻击系统等。

（5）信息欺骗装备：通过隐秘通信、身份假冒、地址伪装、信息篡改等手段隐藏攻击行为，制造虚假信息。主要装备包括隐秘通信系统、地址欺骗攻击系统等。

3. 信息防御装备

按照信息防御技术分类，信息防御装备包括 4 个方面。

（1）结构控制装备：主要包括卫星网络拓扑结构分析与故障检测系统、卫星网络自主控制与路由重构系统、应急恢复系统等。

（2）传输控制装备：主要包括通信保密系统、虚拟专网系统、物理隔离系统、流量与负载均衡系统、服务拒绝攻击防御系统等。

（3）接入控制装备：主要包括脆弱性扫描及补救系统、防病毒系统、身份鉴别系统、入侵及攻击检测系统、连接控制系统等。

（4）访问控制装备：主要包括资源访问控制系统、审计跟踪系统等。

按上述设想构造的空间信息对抗装备系统是一个从天上探测到地面应用，拥有多种探测手段，带有齐全的支持设施，攻防兼备的有机整体；是一个便于信息共享，满足多方需求，可有效避免重复建设的低投入、高效益的系统；也是一个能快速侦察、处理、分发，既能为战略决策服务又面向战术应用的高时效军用装备系统。

4. 空间信息对抗装备的地位和作用

在现代战争中，尤其是在未来陆、海、空、天一体化的高技术战争中，空间已成为各国纷争的"制高点"，谁拥有空间能力，谁就拥有战争的主动权，拥有出入空间和利用空间的能力是一个国家生死攸关的利益所在。空间信息系统除了继续为战略、战役决策和联合作战提供信息支援和保障外，已成为高技术主战武器的重要组成部分，并成为推动新军事革命的主力军，其在未来军事斗争中的地位、作用主要体现在如下几个方面：

(1) 空间信息对抗装备已成为推动新军事变革的重要手段。

未来战争是陆、海、空、天、电一体化的战争，并向"非接触"方向发展，信息和空间优势已成为战场争夺的核心。随着空间信息对抗装备在战役、战术层的广泛应用，战场信息的收集、处理、集成与传输手段都发生了革命性的变化，大大提高了作战效能。空间信息对抗装备与各种作战力量的有效合成将成为决定战争胜负的重要因素，必将引发武器装备效能、武装力量结构和编制，以及战争模式和作战理论等方面的重大变革。

(2) 空间信息对抗装备已成为高技术主战武器的重要组成部分。

空间信息对抗装备已逐步由支持军事决策的信息保障系统发展成为高技术主战武器的重要组成部分，尤其在武器装备信息化建设的进程中起到了其他手段无法替代的作用。未来战争的重要作战样式是使用高技术武器进行远程精确打击，而远程精确打击武器的制导、打击目标的确定以及打击效果的评估必须依靠空间信息对抗装备。空间信息对抗装备除了继续为战略决策提供必需的信息，为战场指挥提供通信、侦察、导航、气象等必需的保障外，已成为高技术武器的重要组成部分，并成为这些高技术武器的效能倍增器。部分空间信息对抗装备，如空间武器，还将作为新的"杀手锏"直接参与作战，形成新的战斗力。

(3) 空间信息对抗装备是夺取制信息权的关键装备。

现代高技术战争是陆、海、空、天一体化的战争，信息战是现代高技术战争的重要模式之一，信息已成为战争的第一要素，争夺制信息权成为战争的第一制高点。空间信息对抗装备可以全天候、全天时、全方位、近实时地获取战场信息，可以提供大区域、高精度的自主导航定位信息，可以实现大容量战场信息的实时分发，可以对敌纵深的信息系统进行干扰和攻击等。因此，是制信息权争夺中获取信息、控制信息不可缺少的重要手段，具有其他信息装备不可比拟的优势，具有不可替代的地位。

1.3.5 空间信息对抗的途径

本章基于空间信息对抗参考模型，分别从基础设施层次、信道层次、信息层次、网络层次和服务层次开展针对性的空间信息对抗途径的研究，给出了侦察、渗透和入侵以及破坏空间信息系统的途径和方法，并提炼出空间信息系统对抗的关键技术。这些对抗方法和技术的研究能够为降低空间信息的获取、传输、存储、处理和利用能力提供手段，为全面开展空间信息对抗以及构建空间信息对抗系统打下基础。

1. 空间信息对抗参考模型

空间信息对抗的基础是对空间信息系统进行有效的侦察，包括电子侦察、通信侦察和网络侦察等。在对空间信息系统实施侦察的基础上，从不同层次上开展空间信息对抗，如图 1.9 所示。在图中，针对空间信息系统通信协议、网络结构和服务方面的脆弱性，开展基础设施层次的对抗、信道层次的对抗、网络层次的对抗、信息层次的对抗和服务层次的对抗。除了图中列出的几个层次的对抗外，还可以对相关人员进行心理战和舆论战，进而达到对抗的目的。空

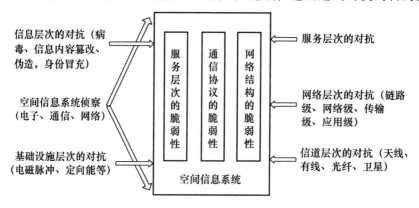

图 1.9　从不同层次上开展空间信息对抗

间信息系统的对抗体系是建立在系统脆弱性分析基础上的。在初步分析和掌握系统存在的脆弱性和弱点后，可以从基础设施层次、信道层次、网络层次、信息层次和服务层次对空间信息系统实施攻击。空间信息对抗的参考模型如图 1.10 所示。

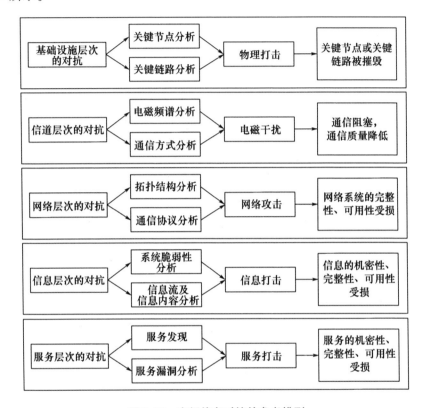

图 1.10 空间信息对抗的参考模型

（1）基础设施层次的对抗。

采用高能束射武器、信息化武器、核生化武器等新概念武器对空间信息系统，特别是其关键链路或关键节点，如通信卫星、空间路由器、地面站、公开密钥体制认证中心、地面核心路由器等进行物理打击，如引导硬杀伤武器对敌通信网关进行摧毁。

（2）信道层次的对抗。

进行有效的电磁频谱分析和通信方式分析，掌握空间通信所使用的频率、频带，通信发生的时间和空间特性，通信流量的大小等，对空间通信信道实施电磁干扰，从而达到阻塞通信、降低通信质量等目的。例如，对天地指挥通信及星间数据通信进行干扰以及对广播通信进行干扰等。

(3) 网络层次的对抗。

首先，通过各种主动或被动的信息搜集方法（如窃听、扫描、口令破解等），获取其网络拓扑结构，运用结构脆弱性分析方法确定网络中的关键节点和关键链路；其次，要充分运用协议分析技术，对各种空间通信协议进行分析，找出通信协议或安全协议中存在的各种缺陷和安全隐患；最后，采用网络战武器，如计算机病毒武器、恶意代码、纳米/微米机器人等实施网络攻击。

(4) 信息层次的对抗。

信息层次的对抗是建立在网络对抗的基础上的，它的前提条件是能截获空间信息系统中传输的数据，熟悉空间信息系统可能存在的各种缺陷或漏洞，对其通信协议进行深入分析。在此基础上，结合信息流、信息内容和信息价值的分析，利用计算机病毒，信息内容篡改、伪造，身份冒充等信息攻击技术，对空间信息系统实施更高级别的攻击，以期达到扰乱和破坏系统关键信息的目的。

(5) 服务层次的对抗。

对于空间信息系统重要的服务，包括数据服务和各种应用服务，可利用应用系统或程序中存在的漏洞，综合运用脚本攻击、缓冲区溢出攻击等方法，破坏其服务，降低服务质量，也可采用邮件炸弹对邮件服务器实施拒绝服务攻击，或者采用带有欺骗性的邮件实施社会工程攻击。

2. 破坏空间信息系统的途径和方法

破坏空间信息系统的途径和方法如图 1.11 所示。

(1) 基础设施层次。

在基础设施层次的破坏途径和方法主要是指实体摧毁（硬杀伤），主要包括电磁攻击、兵力破坏和火力打击 3 种，直接摧毁空间信息系统的指挥控制中心、网络节点以及通信信道。

(2) 信道层次。

整个空间信息系统的通信网络系统是由大量多种制式的通信方式组成的分布式网络。传统意义上的通信对抗方式，是通过大功率压制措施来破坏敌方的

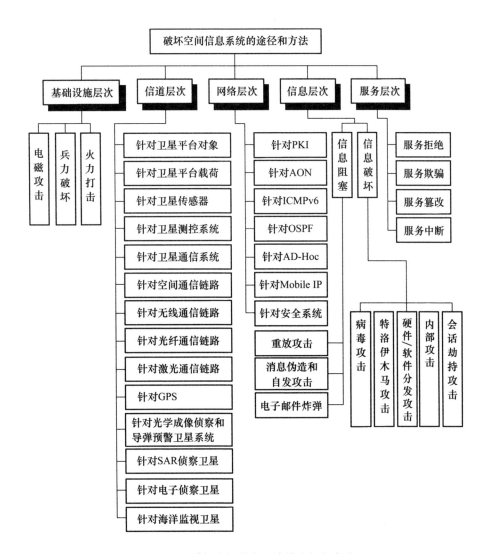

图 1.11 破坏空间信息系统的途径和方法

通信链路,但要对付由多个网络和节点组成的庞大的空间信息系统,其干扰效果不会很理想,个别节点的瘫痪,对整个系统的通信组织影响不大。但是,通过电磁频谱的截获与分析,以及基于基础设施层次和网络层次的结构脆弱性分析,可以较为准确地找出通信网络中的关键节点和关键链路,对这些节点和链路实施压制式大功率电磁干扰,其破坏效果和对抗效能将十分明显。因此,对空间信息系统实施有效的电磁频谱分析和通信方式分析,掌握敌方网络通信所使用的频率、频带，通信发生的时间和空间特性以及通信流量的大小等，能够有助于准确定位通信体制的弱点，实施最有效的电磁干扰。

电子干扰按是否辐射能量可分为有源干扰和无源干扰；按干扰效果可分为杂波干扰和欺骗干扰。新式电子干扰系统兼有杂波干扰和欺骗干扰两种工作状态，可以造成恶劣的环境和虚假的多目标。有源干扰可分为瞄准式、杂波阻塞式、回答式和投掷式（辐射电磁波或红外线）；无源干扰可分为无源诱饵和干扰物（反射材料）投放器，干扰物除箔条外，还有敷金属气悬体、激光干扰气悬体和空气电离气溶胶等。

①针对卫星平台对象。

卫星平台对象主要分为卫星遥测、遥控，姿态敏感器，太阳能帆板，各种天线和星体。卫星平台对象各部分的特点及破坏途径和方法见表1.3。

表1.3 卫星平台对象各部分的特点及破坏途径和方法

对象	对象特点	破坏途径和方法
卫星遥测、遥控	工作于 UHF、S、C、Ka 等频段	信道干扰或阻塞；信息欺骗（遥控、遥测和测距欺骗）；高能微波武器损毁
姿态敏感器	对太阳、地球等热体敏感	无源物遮蔽；近距离红外诱骗；高能量激光损毁
太阳能帆板	对太阳光敏感	无源物遮蔽；高能激光损伤或损毁
各种天线	工作于 UHF、L、S、C、X、Ku、Ka、EHF 等频段	无源物遮蔽
星体	以第一宇宙速度飞行	物理或电磁摧毁；空间核辐射

②针对卫星平台载荷。

卫星平台的有效载荷主要可以分为红外传感器、可见光传感器、微波传感器、SAR、无源电子侦察、通信转发器、星间链路和空间广播。各种载荷的工作特点及破坏途径和方法见表1.4。

表 1.4　各种载荷的工作特点及破坏途径和方法

有效载荷	载荷特点	破坏途径和方法
红外传感器	对红外信号敏感	目标红外信号遮蔽；假红外目标信号；高能量激光饱和、致眩或损毁
可见光传感器	对可见光信号敏感	目标可见光信号遮蔽；假目标欺骗；高能量激光饱和、致眩或损毁
微波传感器	对地物微波辐射敏感	有源欺骗；高能量工作波段微波干扰；高能微波武器损毁
SAR	工作于 L、S、C、X 频段	假目标欺骗；源欺骗干扰；大功率压制；高能微波武器损毁
无源电子侦察	工作于 100 MHz~20 GHz，只接收电子信号	有源欺骗干扰；大功率压制；高能微波武器损毁
通信转发器	工作于 UHF、L、S、C、X、Ku、Ka、EHF 等频段	信道干扰；信道阻塞；高能微波武器损毁；信息欺骗
星间链路	工作于 Ka、EHF、激光频段	信道干扰；信道阻塞；高能微波武器损毁；激光干扰；高能量激光饱和、致眩或损毁
空间广播	工作时，信号只有下行	信号转发欺骗接收端；信号大功率压制干扰接收端；高能微波武器损毁接收端

③针对卫星传感器。

针对卫星传感器的破坏途径和方法如下：

a. 轨道封锁。通过布设空间微粒武器系统进行轨道封锁，使其在特定的时空内不能被敌人使用，或造成在该时空运行的航天器本身或某些易损部分受损，从而使其效能下降或丧失。

b. 空间拦截和摧毁。利用定向能武器、动能武器，也可利用空间炸弹、空间核爆炸等武器和手段，摧毁敌空间信息网络中的关键单元或节点。

c. 无源干扰。通过"伴星"技术释放"空间箔条""空间烟雾""空间污染"等手段遮蔽或污染信息获取系统中的传感器，使之不能正常发挥作用。

d. 高能武器。包括高能射频武器和高能激光武器，使光学传感器或接收机中的微波器件或电子线路过载或损坏，也可使卫星本身的热控系统和电源系统等受到破坏。

④针对卫星测控系统。

主要是对测控的信息干扰，可采用较大功率的干扰设备对敌方卫星的测控信号进行干扰，破坏敌方卫星的测控信号，包括上、下行的干扰。

⑤针对卫星通信系统。

针对卫星通信系统的破坏途径和方法如下：

a. 对透明式转发器的干扰。对透明式转发器的干扰只要干扰功率大于其工作门限就可将其推入饱和，造成信噪比严重下降，从而破坏卫星通信系统的正常工作。

b. 对硬限幅转发器的干扰。卫星通信中采用了硬限幅式的转发器，硬限幅时大信号对小信号有抑制作用，且存在互调，特别是在频分多址（Frequency Division Multiple Access，FDMA）系统中尤为重要。利用这一特点，采用大幅度的干扰信号就可使信号严重失真而无法接收，因而也就破坏了卫星通信系统的正常工作。

c. 对地球站的干扰。对地球站接收的干扰大体与地面通信系统的接收干扰相似。

d. 星上天线自适应调零技术的对抗。采用多点布设干扰站的方法，当干扰站数大于调零天线阵元数时，干扰就会奏效。若采用多个干扰站相互配合实施间断闪烁干扰方式，使其无法形成指向干扰的零方向图，可破坏这种抗干扰方法的作用，实施有效干扰。

⑥针对空间通信链路。

空间通信链路包括上行链路、星间链路和下行链路等，都可能会受到各种干扰。通信干扰的种类及其效果见表 1.5。以卫星无线通信链路为例，可采用天基干扰器或地基大功率干扰武器对指定卫星或通信链路实施干扰。

表 1.5 通信干扰的种类及其效果

序号	干扰种类	干扰效果
1	窄带噪声连续波	可干扰一个窄带的通信线路
2	局部频带噪声	可干扰几个窄带的通信线路
3	多窄波干扰信号	可干扰几个载波的通信线路
4	宽带噪声干扰	可干扰整个或局部的通信频带
5	窄带脉冲干扰	可干扰一个数字话路
6	宽带脉冲干扰	可干扰若干个数字话路
7	扫描干扰	可干扰若干个数字话路
8	快速跟踪干扰	可截获敌方信号并做出瞬时反应
9	录放式干扰	用于欺骗、干扰同类信号
10	转发式干扰	可对跳频通信构成极大威胁

⑦针对无线通信链路。

无线通信链路容易造成电磁信息泄漏并被捕获，或者遭受强电磁干扰。针对无线通信链路的主要破坏途径和方法包括采用高功率的电子干扰设备实施压制式干扰和使用微波定向能武器对电子设备进行破坏等。以移动的战术无线通信为例，可对发射基站、中继站或无线指挥车实施压制式电磁干扰。

⑧针对光纤通信链路。

针对光纤通信链路的破坏途径和方法包括采用高能发射机插入到链路所产生的带内干扰进行攻击、使用带外干扰来利用光纤组件中的道间串扰、实现未授权的侦察（即窃听）。

⑨针对激光通信链路。

针对激光通信链路的破坏途径和方法包括使用高功率激光武器实施干扰破坏、使用化学烟雾武器干扰激光通信的质量等。

⑩针对 GPS。

a. 瞬时高功率损毁干扰。GPS 接收机抗瞬时高功率信号的能力较差，当 GPS 接收机的输入峰值达到 10 W 时，限幅管将被烧坏，并将使输入电路永久性损坏，从而使接收机瘫痪。

b. 压制干扰。干扰信号进入接收机后的强度高于 GPS 信号经解扩后的强度，从而使得接收机无法正确截获、跟踪 GPS 信号。干扰噪声采用与 GPS 信号相关的波形，可能得到部分处理增益，可降低干扰机的功率。

c. 欺骗式干扰。采用与 GPS 相似的信号作为干扰信号，具有很大的隐蔽性。目前有两种基于码相关的欺骗方法：一是直接转发，将干扰机接收到的 GPS 信号经过一定的延时、放大后直接发送出去；二是调制假电文，根据侦察得到的军码结构，产生和其相关性最大的伪随机码，然后在伪随机码上调制和导航电文格式完全相同的虚假导航电文，不仅使跟踪系统得到错误的伪距离，也使其得到错误的导航电文，使导航误差更大。

⑪针对光学成像侦察和导弹预警卫星系统。

a. 降低光学系统的传输率。采用污染物质或水汽等在其光学面凝结形成阻光膜，从而降低光学系统的传输率；采用高速微粒攻击光学系统的光学面或活动部件来破坏光学系统。

b. 无源干扰。遮蔽其光学传感器的视场，阻断其信息获取链路，如采用"箔条""烟幕""玻璃球"等，将其散布在光学成像侦察卫星的周围，形成干扰云，使其光学系统的效能下降或基本失效。

c. 强光源或信息攻击干扰。利用激光器对遥感器进行照射，破坏其光电器件或前置放大器；采用信息攻击破坏卫星的姿态控制系统，使得光电器件失效。

⑫针对 SAR 侦察卫星。

a. 电子干扰。选用地基和天基平台，实施压制式干扰、欺骗式干扰或组合式干扰。

b. 对数传通道进行干扰。采用卫星干扰平台，战时以"准伴星"的方式，在敌方 SAR 向中继卫星或地面站传输图像数据时，进行干扰，包括压制式干扰和欺骗式干扰。

⑬针对电子侦察卫星。

a. 干扰侦察接收机。选用地基干扰平台和卫星干扰平台。

对地基干扰平台，地面配置若干干扰机，干扰侦察接收机的参数测量装置，使它不能正确测量，或通过适当的布站发射大量信号使其处理设备或记录设备饱和；对卫星干扰平台，干扰机安放在卫星上，战时以"准伴星"的方式，干扰空间信息系统中电子侦察卫星的侦察。

b. 对数传通道进行干扰。采用卫星干扰平台，战时以"准伴星"的方式，在敌方电子侦察卫星向中继卫星或地面站传输数据时，扰乱和阻塞其传输信道。干扰方式是压制式干扰和欺骗式干扰。

⑭针对海洋监视卫星。

一般与电子侦察卫星的攻击途径类似，加装红外光学系统的海洋监视卫星的攻击途径与光学成像侦察卫星的攻击途径类似；加装雷达成像系统的海洋监视卫星的攻击途径与雷达成像侦察卫星的攻击途径类似。

第2章 雷达对抗

2.1 对雷达的电子攻击

对雷达的电子攻击是指进攻性地使用电磁波、反辐射导弹和定向能等武器，以破坏敌方雷达工作效能或摧毁敌方雷达为目的所开展的军事行动，它是雷达电子战的重要环节。

2.1.1 引言

1. 对雷达的电子攻击的概念

对雷达的电子攻击过去通常是指对敌方雷达施放电子干扰，以破坏敌方各种雷达（如警戒、引导、炮瞄、制导、轰炸雷达等）的正常工作，导致敌指挥系统和武器系统失灵而丧失战斗力。从这个意义上来说，雷达干扰是一种重要的进攻性武器。但是由于对雷达施放电子干扰不会造成雷达实体的破坏，而只能利用电子设备或干扰器材改变雷达获取的信息量，从而破坏雷达的正常工作，使其不能探测和跟踪真正的目标，因此是一种"软杀伤"手段。常见的雷达干扰场景如图 2.1 所示。

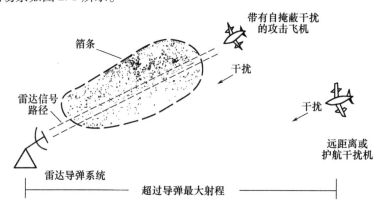

图 2.1　常见的雷达干扰场景

现代电子战中的电子攻击除了包括对敌方雷达的电子干扰外，还特别强调了使用反辐射导弹和定向能武器等。由于使用这些武器能够从实体上破坏雷达，具有摧毁性，因此称其为"硬杀伤"武器。现代电子战中的电子攻击既包括使用不具有摧毁性的软杀伤手段，也包括使用具有摧毁性的硬杀伤手段。为了达到最佳的电子攻击效果，将软杀伤与硬杀伤手段结合使用是电子战发展的必然趋势。

2. 雷达干扰的分类

雷达干扰是指一切破坏和扰乱敌方雷达检测己方目标信息的战术和技术措施。对雷达来说，除带有目标信息的有用信号外，其他各种无用信号都是干扰。干扰的分类方法有很多，一种综合性的分类如图2.2所示。

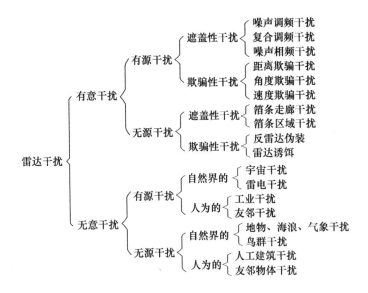

图 2.2　雷达干扰的一种综合性的分类

此外，还可以按照干扰能量的来源、干扰产生的途径以及干扰的作用机理等对干扰信号进行分类。

（1）按照干扰能量的来源分类。

按照干扰能量的来源可将干扰信号分为有源干扰和无源干扰两类。有源干扰是指凡是由辐射电磁波的能源产生的干扰；无源干扰是指凡是利用非目标的物体对电磁波的散射、反射、折射或吸收等现象产生的干扰。

（2）按照干扰产生的途径分类。

按照干扰信号的产生途径可将干扰信号分为有意干扰和无意干扰两类。凡是人为有意识制造的干扰称为有意干扰；凡是因自然或其他因素无意识形成的干扰称为无意干扰。通常，将人为有意识施放的有源干扰称为积极干扰，将人为有意实施的无源干扰称为消极干扰。

（3）按照干扰的作用机理分类。

按照干扰信号的作用机理可将干扰信号分为遮盖性干扰和欺骗性干扰。遮盖性干扰是指干扰机发射的强干扰信号进入雷达接收机，在雷达接收机中形成对回波信号有遮盖、压制作用的干扰背景，使雷达难以从中检测到目标信息；欺骗性干扰是指干扰机发射与目标信号特征相同或相似的假信号，使得雷达接收机难以将干扰信号与目标回波区分开，使雷达不能正确地检测目标信息。

（4）按照雷达、目标与干扰机之间的空间位置关系分类。

按照雷达、目标与干扰机之间的空间位置关系，可将干扰信号分为远距离支援式干扰（Stand Off Jamming，SOJ）、随队干扰（Escort Jamming，ESJ）、自卫式干扰（Self Screening Jamming，SSJ）和近距离干扰（Stand Forward Jamming，SFJ）4种，雷达、目标与干扰机的空间位置关系如图 2.3 所示。

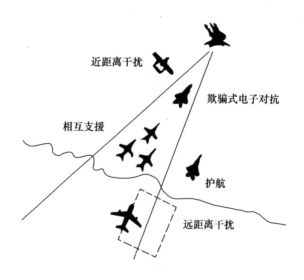

图 2.3　雷达、目标与干扰机的空间位置关系

①远距离支援式干扰：干扰机远离雷达和目标，通过辐射强干扰信号掩护目标。实施远距离支援式干扰时，干扰信号主要是从雷达天线的旁瓣进入雷达接收机，通常用于遮盖性干扰。

②随队干扰：又称护航干扰，干扰机位于目标附近，通过辐射强干扰信号掩护目标。随队干扰信号既可以从雷达天线的主瓣进入雷达接收机（此时不能分辨干扰机与目标），也可以从雷达天线的旁瓣进入雷达接收机（此时能将干扰机与目标分辨开），一般用于对雷达形成遮盖性干扰。掩护运动目标的随队干扰飞机应具有与目标相同的机动能力。在空袭作战中的随队干扰飞机往往略领先于其他飞机，而且在一定的作战距离上同时还要施放无源干扰。出于安全方面的考虑，进入危险战区的随队干扰任务通常由无人驾驶飞行器担当。

③自卫式干扰：干扰机位于目标上，干扰的目的是使自己免遭雷达威胁。自卫干扰信号从雷达天线的主瓣进入雷达接收机，除了对雷达实施遮盖性干扰外，更重要的是对雷达实施欺骗性干扰。自卫式干扰是现代作战飞机、舰艇、地面重要目标等必备的干扰手段。

④近距离干扰：干扰机到雷达的距离领先于目标，通过辐射干扰信号掩护后续目标。由于距离领先，干扰机可获得宝贵的预先引导时间，使干扰信号频率对准雷达频率。近距离干扰主要用于对雷达进行遮盖性干扰。干扰机离雷达越近，进入雷达接收机的干扰能量就越强。出于安全性考虑，近距离干扰主要由投掷式干扰机和无人驾驶飞行器担任。

2.1.2 干扰方程及有效干扰空间

干扰方程是设计干扰机时进行初始计算以及选取整机参数的基础，同时也是使用干扰机时计算和确定干扰机有效干扰空间（即干扰机威力范围）的依据。由于干扰机的基本任务就是压制雷达、保卫目标，因此，干扰方程必然涉及干扰机、雷达和目标3个因素，干扰方程将干扰机、雷达和目标之间的空间能量关系联系在一起。

1. 干扰方程

干扰方程的一般表示式。

（1）基本能量关系。

通常雷达探测和跟踪目标时，雷达天线的主瓣指向目标，而干扰机为了压制雷达也将干扰天线的主瓣指向雷达。由于干扰机和目标不一定在一起，因此干扰信号通常从雷达天线旁瓣进入雷达。雷达、目标和干扰机的空间关系如图2.4所示。

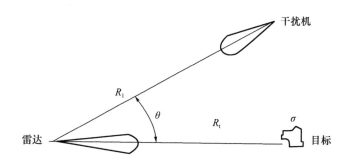

图2.4　雷达、目标和干扰机的空间关系

显然，雷达接收机将收到两个信号：目标的回波信号功率 P_{rs} 和干扰机辐射的干扰信号 P_{rj}。由雷达方程可得雷达收到的目标回波信号功率 P_{rs} 为

$$P_{rs} = \frac{P_t G_t \sigma A}{(4\pi R_t^2)^2} = \frac{P_t G_t^2 \sigma \lambda^2}{(4\pi)^3 R_t^4} \tag{2.1}$$

式中，P_t 为雷达的发射功率；G_t 为雷达天线增益；σ 为目标的雷达截面积；R_t 为目标与雷达的距离；A 为雷达天线的有效面积。

由二次雷达方程得进入雷达接收机输入端的干扰信号功率 P_{rj} 为

$$P_{rj} = \frac{P_j G_j}{4\pi R_j^2} A' \gamma_j = \frac{P_j G_j G_t' \lambda^2 \gamma_j}{(4\pi)^2 R_j^2} \tag{2.2}$$

式中，P_j 为干扰机的发射功率；G_j 为干扰机天线增益；R_j 为干扰机与雷达的距离；γ_j 为干扰信号对雷达天线的极化系数；A' 为雷达天线在干扰机方向上的有效面积，与之相对应的雷达天线增益为 G_t'，$A' = \frac{\lambda^2}{4\pi} G_t'$。

由式（2.1）和式（2.2）可以得到雷达接收机输入端的干扰信号功率和目标的回波信号功率的比值为

$$\frac{P_{rj}}{P_{rs}} = \frac{P_j G_j}{P_t G_t} \times \frac{4\pi \gamma_j}{\sigma} \times \frac{G_t'}{G_t} \times \frac{R_t^4}{R_j^2} \tag{2.3}$$

仅仅知道进入雷达接收机的干扰信号和目标信号的功率比，还不能说明干扰是否有效,还必须用一个标准来衡量干扰效果的有效性,通常称其为压制系数,用 K_j 表示。

(2) 功率准则。

功率准则是衡量干扰效果或抗干扰效果的一种方法。功率准则又称信息损失准则,一般用 K_j 表示,适用于对遮盖性(压制性)干扰效果的评定,它表示对雷达实施有效干扰(搜索状态下指雷达发现概率 P_d 下降到10%以下)时,雷达接收机输入端或接收机线性输出端所需要的最小干扰信号与雷达回波信号功率之比,K_j 满足

$$K_j = \frac{P_j'}{P_s'}\bigg|_{P_d = 0.1} \tag{2.4}$$

式中,P_j'、P_s' 分别为干扰雷达输入端或接收机线性输出端的干扰功率和目标回波信号功率。显然,K_j 是干扰信号调制样式、干扰信号质量、接收机响应特性、信号处理方式等的综合性函数。

压制系数虽然是一个常数,但必须根据干扰信号的调制样式和雷达形式(特别是雷达接收机和终端设备的形式)两方面的因素来确定。例如,对警戒雷达实施噪声干扰时,当干扰功率和信号功率基本相等或略大些时,操纵员仍可以在干扰背景中发现目标信号;只有当接收机输入端干扰信号的功率为回波信号的功率的 2~3 倍时,操纵员就不能在环视显示器(属亮度显示器类)的干扰背景中发现目标信号。所以,噪声干扰对以环视显示器为终端设备的雷达的压制系数 $K_j = 2~3$。而同样大的干扰信号和目标回波信号的功率比值还不足以使距离显示器失效,操纵员仍能在距离显示器(属偏转调制显示器类)上辨识出目标信号。当接收机输入端干扰和信号功率比达到 8~9 时,即使有经验的雷达操纵员也不能在噪声干扰背景中发现目标信号。所以,噪声干扰对于有距离显示器做终端的雷达,其压制系数 $K_j = 8~9$。对于自动工作的雷达系统,由于没有人的操纵,不能利用干扰和信号之间的细微差别来区别干扰目标,只能从信号和干扰在幅度、宽度等数量上的差别来区分干扰和信号,因此比较容易受干扰。对于这类系统,只要噪声干扰功率比目标回波信号功率大 1.5 倍,就可以使它失效,所以压制系数 $K_j = 1.5~20$。总之,压制系数越小,说明干扰越容易,雷达的抗干扰性能越差;压制系数越大,说明干扰越困难,雷达的抗

干扰性能越好。此外,压制系数还是用于比较各种干扰信号样式优劣的重要标准之一。

(3) 干扰方程。

利用压制系数可以推导出干扰方程。由式(2.4)可知,有效干扰必须满足

$$\frac{P_{rj}}{P_{rs}} = \frac{P_j G_j}{P_t G_t} \times \frac{4\pi \gamma_j}{\sigma} \times \frac{G_t'}{G_t} \times \frac{R_t^4}{R_j^2} \geq K_j \tag{2.5}$$

或

$$P_j G_j \geq \frac{K_j}{\gamma_j} \times \frac{P_t G_t \sigma}{4\pi \left(\frac{G_t'}{G_t}\right)} \times \frac{R_j^2}{R_t^4} \tag{2.6}$$

通常将式(2.5)或式(2.6)称为干扰方程。

上述分析是针对干扰机带宽不大于雷达接收机带宽($\Delta f_j \leq \Delta f_r$)时的情况进行的,只适用于瞄准式干扰的情况。当干扰机带宽比雷达接收机带宽大很多时,干扰机产生的干扰功率无法全部进入雷达接收机。因此,干扰方程必须考虑带宽因素的影响。即

$$\frac{P_j G_j}{P_t G_t} \times \frac{4\pi \gamma_j}{\sigma} \times \frac{G_t'}{G_t} \times \frac{R_t^4}{R_j^2} \times \frac{\Delta f_r}{\Delta f_j} \geq K_j \tag{2.7}$$

或

$$P_j G_j \geq \frac{K_j}{\gamma_j} \times \frac{P_t G_t \sigma}{4\pi \left(\frac{G_t'}{G_t}\right)} \times \frac{R_j^2}{R_t^4} \times \frac{\Delta f_j}{\Delta f_r} \tag{2.8}$$

式(2.7)和式(2.8)是一般形式的干扰方程,即干扰机不配置在目标上,而且干扰机的干扰带宽大于雷达接收机的带宽。干扰方程反映了与雷达相距 R_j 的干扰机在掩护与雷达相距 R_t 的目标时,干扰机功率和干扰天线增益所应满足的空间能量关系。

当干扰机配置在目标上(目标自卫)时,$R_j = R_t$,且 $G_t' = G_t$,所以一般形式的干扰方程式(2.7)或式(2.8)可以简化为

$$P_j G_j \geq \frac{K_j}{\gamma_j} \times \frac{P_t G_t \sigma}{4\pi R^2} \times \frac{\Delta f_j}{\Delta f_r} \tag{2.9}$$

或

$$R_0 = \sqrt{\frac{K_j \sigma}{4\pi \gamma_j} \times \frac{P_t G_t}{P_j G_j} \times \frac{\Delta f_j}{\Delta f_r}} \quad (2.10)$$

式中，R_0 为干扰机的最小有效干扰距离。

当 $\Delta f_j \leq \Delta f_r$ 时，式（2.9）和式（2.10）中 $\Delta f_j / \Delta f_r$ 的值取为 1。

2. 干扰方程的讨论

从干扰方程可以看出：

（1）干扰机功率 $P_j G_j$ 和雷达功率 $P_t G_t$ 成正比，即压制大功率雷达所需干扰功率大。对于雷达来说，增大 $P_t G_t$，就可以提高其抗干扰能力；对于干扰来说，增大干扰功率 $P_j G_j$，就可以提高对雷达压制的有效性。通常把 $P_t G_t$ 和 $P_j G_j$ 分别称为雷达和干扰机的有效辐射功率。

（2）干扰有效辐射功率 $P_j G_j$ 与雷达天线的侧向增益比 G'_t / G_t 成反比。这说明雷达天线方向性越强，抗干扰性能越好，干扰起来就越困难，需要的干扰功率就越大。要进行旁瓣干扰，由于 G'_t / G_t 可达 $-30 \sim -50$ dB，那么雷达的有效辐射功率 $P_j G_j$ 就应增大 103～106 倍才能进行有效干扰。因此从节省功率的角度看，干扰机配置在目标上最有利。

（3）$P_j G_j$ 与目标反射面积成正比，被掩护目标的有效反射面积越大，所需干扰功率 $P_j G_j$ 就越大。所以掩护重型轰炸机（$\sigma = 150 \text{ m}^2$）是掩护轻型轰炸机（$\sigma = 50 \text{ m}^2$）为所需干扰功率 $P_j G_j$ 的 3 倍，而要掩护大型军舰（$\sigma = 15\,000 \text{ m}^2$）所需的干扰功率 $P_j G_j$ 比掩护重型轰炸机时大 100 倍。

（4）有效干扰功率 $P_j G_j$ 和压制系数 K_j 及极化损失系数 γ_j 的关系。有效干扰功率和压制系数 K_j 的关系成正比，即 K_j 越大，所需 $P_j G_j$ 就越大。极化系数 γ_j 由干扰机天线的极化性质而定。通常干扰天线是圆极化的，在对各种线性极化雷达实施干扰时，极化损失系数 $\gamma_j = 0.50$。

3. 有效干扰区和干扰扇面

（1）有效干扰区。

满足干扰方程的空间称为有效干扰区或压制区。

当干扰机配置在被保卫目标上时，干扰机最小有效干扰距离 R_0 用式（2.10）表示。在距离 R_0 上，进入雷达接收机的干扰信号功率与雷达接收到的目标回波信号功率之比 P_{rj} / P_{rs} 正好等于压制系数 K_j，即干扰机刚能压制住雷达，使雷达不能发现目标。当雷达与目标的距离 $R_t > R_0$ 时，$P_{rj}/P_{rs} > K_j$，这时干扰压制住了目标回波信号，雷达不能发现目标，称为有效干扰区。当雷达与目标的距离 $R_t < R_0$ 时，$P_{rj}/P_{rs} < K_j$，这时干扰压制不了目标回波信号，雷达在干扰中仍能够发现目标，称为（目标）暴露区。

显然，由 $P_{rj}/P_{rs} = K_j$ 所得的 R_0，既是压制区的边界也是暴露区的边界。对于干扰机来说，R_0 就是干扰机的最小有效干扰距离，常称为暴露半径。

对于雷达来说，R_0 就是在压制性干扰的情况下雷达能够发现目标的最大距离，称为雷达的"烧穿距离"或"自卫距离"（有些书上，定义 $K_j = 1$ 时的距离为烧穿距离）。雷达常采用提高发射功率 P_t 或提高天线增益 G_t 的办法来增大自卫距离。产生这一现象的物理实质是：随着雷达与目标的接近，目标回波信号功率 P_{rs} 按距离变化的四次方而增长，而干扰信号功率 P_{rj} 则是按距离变化的二次方增长；当距离减小至 R_0 时，$P_{rj}/P_{rs} = K_j$；距离再进一步减小时，虽然干扰信号仍在增强，但不如目标回波信号增加得快，使 $P_{rj}/P_{rs} < K_j$，目标就暴露出来了，如图 2.5 所示。

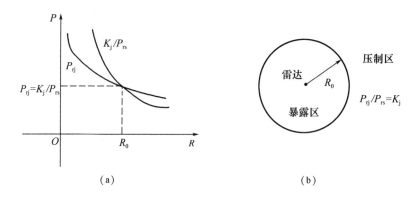

图 2.5　压制区与暴露区图示

当自卫干扰飞机离雷达的距离 $R_t > R_0$ 位于如图 2.6 中的①、②两点时，雷达均处于压制区不能发现目标，但干扰效果不相同。在①点时，干扰机离雷达远，在显示器上打亮的干扰扇面窄；在②点时，干扰打亮的干扰扇面宽；当飞机离雷达的距离小于 R_0 位于图中③点时，虽然干扰扇面比在①、②两点时的宽，但目标回波信号很强，在干扰扇面中就能看到目标。从干扰方程很容易看出，雷达功率 $P_t G_t$ 越大，被保卫目标的 σ 越大，暴露半径就越大；只有提高干

扰机的功率 $P_j G_j$，并正确选择干扰样式以降低 K_j 才能减小暴露区。

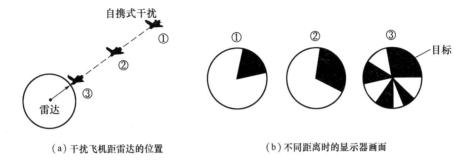

（a）干扰飞机距雷达的位置　　　　（b）不同距离时的显示器画面

图 2.6　不同距离的干扰扇面

（2）干扰扇面。

干扰信号在环视显示器荧光屏上打亮的扇形区称为干扰扇面。干扰机在保卫目标时，应使其干扰扇面足以掩盖住目标，使雷达不能发现和瞄准目标。

雷达环视显示器通常调整在接收机内部噪声电平刚刚不能打亮荧光屏，只有超过噪声电平的目标信号电压才能在荧光屏上形成亮点。干扰要打亮荧光屏，则进入雷达接收机的干扰电平必须大于接收机内部噪声电平一定的倍数。干扰要打亮如图 2.7 所示的宽度为 $\Delta\theta_B$ 的干扰扇面，则必须保证干扰机功率在雷达天线方向图的 θ 角（$\theta = \Delta\theta_B/2$）方向上进入雷达接收机的干扰信号电平大于接收机内部噪声电平一定的倍数。

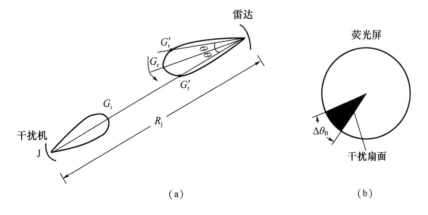

图 2.7　干扰扇面的形成

用 P_n 表示雷达接收机输入端的内部噪声电平，m 则表示倍数，则进入雷达接收机输入端的干扰信号电平应为

$$P_{rj} \geqslant mP_n \tag{2.11}$$

根据图 2.7 的空间关系可以求得 P_{rj} 为

$$P_{rj} = \frac{P_j G_j}{4\pi R_j^2} \times \frac{G_t'}{4\pi} \times \varphi \gamma_j \geqslant mP_n \tag{2.12}$$

式中，φ 为雷达馈线损耗系数；G_t' 为偏离天线主瓣最大方向 θ 角的雷达天线增益。

如果有雷达天线的方向图曲线，可以根据 θ 值，在曲线图上求得 G_t'。为了得到计算干扰参数的数学表达式，通常用 G_t' 与 θ 的经验公式，即

$$\frac{G_t'}{G_t} = k\left(\frac{\theta_{0.5}}{\theta}\right)^2 \tag{2.13}$$

对于高增益锐方向天性天线，k 取大值，即 $k = 0.07 \sim 0.10$；对于增益较低、波束较宽的天线，k 取小值，即 $k = 0.04 \sim 0.06$。还应注意，式（2.13）适用的角度范围是 θ 大于 $\theta_{0.5}/2$ 且小于 $60°$ 或 $90°$。天线增益的近似曲线如图 2.8 所示。因为实际天线的方向图在大于 $60°$ 或 $90°$ 角度范围之后，天线增益不再随着 θ 的增大而减小，而是趋于一个平均稳定的增益数值，这个数值可用 $\theta = 60°$ 或 $\theta = 90°$ 时的 G_t' 来计算。当 $\theta \leqslant \theta_{0.5}/2$ 时，G_t' 按天线最大增益 G_t 来计算。

将天线增益公式代入式（2.12），便可求得干扰扇面 $\Delta \theta_B$ 的公式为

$$\Delta \theta_B = 2\theta \leqslant 2\left[\frac{P_j G_j G_t a^2 k \varphi \gamma_j}{mP_m}\right]^{\frac{1}{2}} \times \frac{\theta_{0.5}}{4\pi R_j} \tag{2.14}$$

干扰扇面是以干扰机方向为中心、两边各为 θ 角的辉亮扇面。可以看出，干扰扇面与 R_j 成反比，距离越近，干扰扇面 $\Delta \theta_B$ 越大；干扰扇面与 $\sqrt{P_j G_j}$ 成正比，$P_j G_j$ 增加一倍，$\Delta \theta_B$ 增加 $\sqrt{2}$ 倍。

上述干扰扇面只是说明干扰信号打亮的扇面有多大，还不能保证在干扰扇面中一定能压制住信号。因此可能出现这种情况，即在干扰信号打亮的扇面内仍能看到目标的亮点，以致达不到压制目标的目的，如图 2.6 中飞机飞至③点时的情况。有效干扰扇面 $\Delta \theta_B$ 是指在最小干扰距离上干扰能压制信号的扇面，

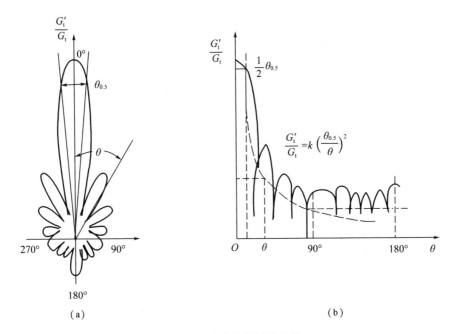

图 2.8 天线增益的近似曲线

在此扇面内雷达完全不能发现目标。有效干扰扇面比上述打亮显示器的干扰扇面对干扰功率的要求更高，即干扰信号功率不仅是大于接收机内部噪声功率一定倍数，而且比目标回波信号大 K_j 倍，在这样的扇面内完全不能发现目标，故称为有效干扰扇面。显然，接收机输入端的干扰信号功率应满足 $P_{rj} \geq k_j P_{rs}$，即

$$\frac{P_j G_j}{4\pi R_j^2} \times \frac{G_t'}{4\pi} \times \varphi \gamma_j \geq K_j \frac{P_t G_t^2 \sigma \lambda^2}{(4\pi)^3 R_t^4} \quad (2.15)$$

或

$$P_j G_j \geq \frac{K_j}{\varphi \gamma_j} \times \frac{P_t G_t \sigma}{4\pi} \times \frac{R_j^2}{R_t^4} = \frac{K_j}{\varphi \gamma_j} \times \frac{P_t G_t \sigma}{4\pi} \times \left(\frac{\theta}{\theta_{0.5}}\right)^2 \times \frac{R_j^2}{R_t^4} \quad (2.16)$$

根据式（2.16）求出 θ 便可得到有效干扰扇面 $\Delta \theta_j$ 计算式为

$$\Delta \theta_j = 2\theta = 2\left(\frac{P_j G_j}{P_t G_t \sigma} \times \frac{4\pi \varphi \gamma_j}{K_j}\right)^{\frac{1}{2}} \left(\frac{R_t^2}{R_j^2}\right) \theta_{0.5} \quad (2.17)$$

可以看出，有效干扰扇面 $\Delta \theta_j$ 与很多因素有关，不仅与 $P_j G_j$、K_j 有关，还与雷达参数 $P_t G_t$、$\theta_{0.5}$ 以及目标的有效反射面积 σ 有关，另外，$\Delta \theta_j$ 还与 R_t 和 R_j 有关。

比较式（2.14）和式（2.17）可知，由于雷达接收到的目标回波电平总是比接收机内部噪声电平高很多，因此满足有效干扰扇面要求所需的干扰功率 $P_j G_j$ 要比能够打亮这样大的扇面所需的干扰功率大得多。换句话说，在干扰功率一定情况下，干扰在荧光屏上打亮的干扰扇面 $\Delta\theta_B$ 比它能有效压制雷达信号的扇面 $\Delta\theta_j$（即有效干扰扇面）要大得多。通常所说的雷达干扰扇面是指干扰实际打亮的扇面 $\Delta\theta_B$，而不是有效干扰扇面。

有效干扰扇面是根据被保卫目标的大小和干扰机的位置确定的。图2.9所示为干扰机配置在被保卫目标上所需求的有效干扰扇面。设目标是一座城市，目标半径为 r，干扰机配置在目标中心，为了可靠地压制雷达，使其在最小压制距离 R_{min} 上天线最大方向对向目标边缘时都不能发现目标，有效干扰扇面 $\Delta\theta_j$ 应为

$$\Delta\theta_j \geqslant 2\theta_j = 2\arcsin\frac{r}{R_{min}} \tag{2.18}$$

式中，$R_{min} \geqslant R_0$，即干扰机的最小有效干扰距离 R_0 小于或者等于要求的最小压制距离 R_{min}。

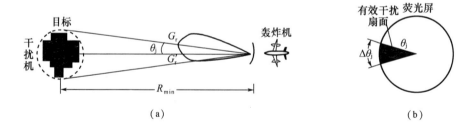

图2.9　干扰机配置在被保卫目标上所要求的有效干扰扇面

当干扰机配置在被保卫目标之外（图2.10），可以使雷达无法根据干扰机的方向（干扰扇面的中心线）来判断目标所在。这时有效干扰扇面应为

$$\Delta\theta_j \geqslant 2(\theta_1 + \theta_2) = 2(\arcsin\frac{r}{R_{min}} + \theta_2) \tag{2.19}$$

可以看出，干扰机配置在被保卫目标之外所要求的有效干扰扇面比干扰机配置在目标上的要大得多。有效干扰扇面越大，所需要的干扰功率 $P_j G_j$ 越大，甚至有时会超过一部干扰机所能达到的干扰功率。用两部或两部以上的干扰机配置在

被保卫目标之外,共同形成一个有效干扰扇面,这样每部干扰机的功率不至太大,而且雷达也无法根据干扰扇面的中心线来判断目标和干扰机的方向。

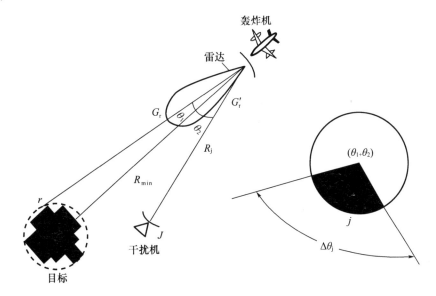

图 2.10　干扰机配置在被保卫目标之外所要求的有效干扰扇面

2.2　对雷达的有源干扰

按照干扰信号的作用机理可将有源干扰分为遮盖性干扰和欺骗性干扰。以下介绍遮盖性干扰。

1. 概述

雷达是通过对回波信号的检测来发现目标并测量其参数信息的,而干扰的目的就是破坏或阻碍雷达对目标的发现和参数的测量。

雷达获取目标信息的过程如图 2.11 所示。

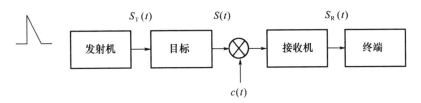

图 2.11　雷达获取目标信息的过程

首先，雷达向空间发射信号 $S_T(t)$，当该空间存在目标时，该信号会受到目标距离、角度、速度和其他参数的调制，形成回波信号 $S_R(t)$。在接收机中，通过对接收信号的解调与分析，便可得到有关目标的距离、角度和速度等信息。图中增加的信号 $c(t)$ 表示雷达接收信号中除目标回波以外不可避免存在的各种噪声（包括多径回波、天线噪声、宇宙射电等）和干扰，正是这些噪声和干扰的加入影响了雷达对目标的检测能力。可见，如果在 $S_T(t)$ 中人为引入噪声、干扰信号或是利用吸收材料等都可以阻碍雷达正常地检测目标的信息，达到干扰的目的。

2. 遮盖性干扰的作用

遮盖性干扰就是用噪声或类似噪声的干扰信号遮盖或淹没有用信号，阻碍雷达检测目标的信息。由于任何一部雷达都有外部噪声和内部噪声，因此雷达对目标的检测是基于一定的概率准则在噪声中进行的。一般来说，如果目标信号能量 S 与噪声能量 N 之比（信噪比 S/N）超过检测门限 D，则可以保证雷达以一定的虚警概率 P_{fa} 和检测概率 P_d 发现目标，简称发现目标，否则称为不发现目标。遮盖干扰使强干扰功率进入雷达接收机，降低雷达接收机的信噪比 S/N，使雷达难以检测目标。

3. 遮盖性干扰的分类

按照干扰信号中心频率 f_j 和频谱宽度 Δf_j 与雷达接收机中心频率 f_s 和带宽 Δf_r 的关系，遮盖性干扰可以分为瞄准式干扰、阻塞式干扰和扫频式干扰。

（1）瞄准式干扰。

瞄准式干扰一般满足

$$\Delta f_j = (2 \sim 5)\Delta f_r, \quad f_j \approx f_s \qquad (2.20)$$

采用瞄准式干扰首先必须测出雷达信号频率 f_s，然后调整干扰机频率 f_j，对准雷达频率，保证以较窄的 Δf_j 覆盖 Δf_r，这一过程称为频率引导。瞄准式干扰的主要优点是在 Δf_j 内干扰功率强，是遮盖干扰的首选方式；缺点是对频率引导的要求高，有时甚至难以实现。

（2）阻塞式干扰。

阻塞式干扰一般满足

$$\Delta f_j > 5\Delta f_r, \quad f_s \in \left[f_j - \frac{\Delta f_j}{2}, f_j + \frac{\Delta f_j}{2}\right] \tag{2.21}$$

由于阻塞式干扰 Δf_j 相对较宽，对频率引导精度的要求低，频率引导设备简单。此外，由于其 Δf_j 宽，因此便于同时干扰频率分集雷达、频率捷变雷达和多部工作在不同频率的雷达。但是阻塞式干扰在 Δf_r 内的干扰功率密度低，干扰强度弱。

（3）扫频式干扰。

扫频式干扰一般满足

$$\Delta f_j = (2 \sim 5)\Delta f_r, \quad f_j = f_s gt, \quad t \in [0, T] \tag{2.22}$$

即干扰的中心频率是以 T 为周期的连续时间函数。扫频式干扰可对雷达形成间断的周期性强干扰，扫频的范围较宽，也能够干扰频率分集雷达、频率速变雷达和多部不同工作频率的雷达。

应当指出，实际干扰机可以根据具体雷达的载频调制情况，对上述基本形式进行组合，对雷达施放多频率点瞄准式干扰、分段阻塞式干扰和扫频锁定式干扰等。

2.3 对雷达的无源干扰

凡是利用无源器材人为地改变雷达电波的正常传播、改变目标的反射特性以及制造假的散射回波，都属于消极干扰的范畴。因此，消极干扰根据所使用的器材不同分为

（1）箔条（干扰丝/带）：投放到空中形成干扰屏幕以遮盖目标，或破坏雷达对目标的跟踪。

（2）反射器：增强反射，制造假目标，改变地形、地物的雷达图像。

（3）吸收层：减弱目标的反射，隐蔽真实目标。

（4）假目标、雷达诱饵：假目标主要是相对雷达警戒系统而言的，大量的假目标甚至能使目标分配系统饱和；雷达诱饵主要是相对雷达跟踪系统而言的，它使雷达不能跟踪真实目标。

（5）等离子气悬体：形成局部的电离空间，造成电波的绕射、反射、吸收

等干扰效果。

消极干扰制造简单、使用方便、干扰可靠、研制周期短,被誉为最廉价的雷达干扰。尤其可贵的是,消极干扰能够对付新体制、新频段的雷达,具有同时干扰不同方向、不同频率、不同形式的多部雷达的能力,因而发展极为迅速。随着新型干扰器材和设备的不断出现,其干扰效果日益显著,已成为现代战争中对雷达干扰的重要手段。

2.3.1 干扰箔条

1. 箔条干扰的一般特性

消极干扰中使用最早和最广的是箔条干扰。早在第二次世界大战期间雷达出现的初期,箔条干扰就成为一种重要的干扰手段。在欧洲战场上为了掩护轰炸机群,投掷了数以万吨计的箔条,取得了非常显著的干扰效果,据估计使近 500 架轰炸机免遭击落,从而保住了几千名飞行人员的生命。因此,战后几乎所有军用飞机都装备了消极干扰器材。1973 年第 4 次中东战争中的海战,证明了箔条干扰在保卫舰船免遭飞航式反舰导弹袭击方面具有十分优越的性能。因而,世界各国的舰艇上都迅速装备了各种性能优良的箔条干扰系统。箔条干扰是投放在空间的大量随机分布的金属反射体产生的二次辐射对雷达造成的干扰。它在雷达荧光屏上产生和噪声类似的杂乱回波,以遮盖目标回波。所以,箔条干扰也称为杂乱反射体干扰。箔条干扰各反射体之间的距离通常比波长大几十倍到几百倍,因而它并不改变媒质电磁性能。箔条通常由金属箔切成的条、镀金属的介质(最常用的是镀铝、锌、银的玻璃丝或尼龙丝)或直接由金属丝等制成。由于箔条的材料及工艺的进步,现在的箔条比起初期(20 世纪 40 年代)的箔条,同样的质量所得到的雷达反射面积约可增大 10 倍左右。箔条大量使用的是半波长的振子。半波长振子对电磁波谐振,散射波最强,材料最省。考虑干扰各种极化的雷达,也同时使用长达数十米以至百米的干扰带和干扰绳。

箔条的基本用途有两种:一种是在一定空域中(宽数千米,长数十千米至数百千米)大量地投撒,形成干扰走廊,以掩护战斗机群的通过,这时,如果在此空间的每一雷达分辨单元(脉冲体积)中,箔条产生的回波功率超过飞机的回波功率,雷达便不能发现或跟踪目标;另一种是飞机或舰船自卫时投放的箔条，这种箔条要快速散开，形成比目标自身回波强得多的回波，而目标本身做机动运动，使雷达转移到跟踪箔条云而不能跟踪目标。实际应用时，不论大规模投放或自卫时投放，通常都做成箔条包由专门的投放器来投放。

箔条干扰能同时对处于不同方向、不同频率的多部雷达进行有效的干扰，但对于连续波雷达、动目标显示、脉冲多普勒等具有速度处理能力的雷达，其干扰效果将降低。对付这类雷达，需要同时配合其他干扰手段，才能有效地干扰。

箔条干扰的技术指标包括：箔条的有效反射面积、箔条包的有效反射面积、箔条的频率特性、极化、频谱、衰减特性和箔条的遮挡效应以及散开时间、下降速度、投放速度、粘连系数、体积、质量等。这些性能指标受许多因素（特别是受大气密度、温度、湿度、气流等因素）的影响，所以通常根据实验来确定。

（1）箔条的有效反射面积。

箔条干扰是大量随机分布的箔条振子的响应总和。箔条总的有效反射面积等于箔条数乘单根箔条的平均有效反射面积。

① 单根箔条的有效反射面积。

目标的有效反射面积可以定义为目标散射总功率 P_2 与照射功率密度 S_1 的比值，即 $\sigma = P_2/S_1$。如果 E_2 为反射波在雷达处的电场强度，E_1 为照射波在目标处的电场强度，标斜距为 R，则

$$\sigma = 4\pi R^2 \frac{E_2^2}{E_1^2} \tag{2.23}$$

设箔条为半波长的理想导线，如图 2.12 所示。入射波的电场强度为 E_1，与箔条的夹角为 θ，则 E_1 产生的感应电流的最大值为

$$I_0 = \frac{\lambda E_1}{\pi R_\Sigma} \cos\theta \tag{2.24}$$

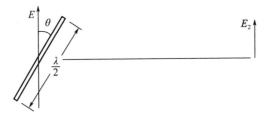

图 2.12　半波长振子的有效反射面积的计算

式中，$R_\Sigma = 73\ \Omega$，为半波振子的辐射电阻；d 为波长。该感应电流在雷达处产生的电场强度 E_2 大小为

$$E_2 = \frac{60I_0}{R}\cos\theta \tag{2.25}$$

将式（2.25）、式（2.24）代入式（2.23），得到单根箔条的有效反射面积

$$\sigma_1 = 0.86\lambda^2\cos^4\theta \tag{2.26}$$

② 单根箔条的平均有效反射面积。

考虑箔条在三维空间的任意分布，则箔条的平均有效反射面积为单根箔条的面积空间立体角中的平均值，即

$$\overline{\sigma_1} = \int_\Omega \sigma_1 W(\Omega)\,\mathrm{d}\Omega \tag{2.27}$$

式中，$W(\Omega) = \dfrac{1}{4\pi}$；$\mathrm{d}\Omega = \sin\theta\mathrm{d}\theta\mathrm{d}\varphi$，且

$$\overline{\sigma_1} = \int_0^{2\pi}\mathrm{d}\varphi\int_0^\pi 0.86\cos^4\theta\frac{1}{4\pi}\sin\theta\mathrm{d}\theta = 0.17\lambda^2 \tag{2.28}$$

③ 箔条包的箔条数 N。

用箔条掩护目标时，要求在每个脉冲体积（脉冲体积是沿着天线波束方向由脉冲宽度的空间长度所截取的体积）内至少投放一包箔条。每一包箔条的总有效反射面积 σ_N 应大于被掩护目标的有效反射面积 σ_t，即

$$\sigma_N \geqslant \sigma_t \tag{2.29}$$

而 $\sigma_N = N\overline{\sigma_{\lambda/2}}$，因此可以求得每一箔条包中应有的箔条数 N 为

$$N \geqslant \frac{\sigma_t}{\overline{\sigma_{\lambda/2}}} \tag{2.30}$$

由于箔条在投放后的相互粘连以及箔条本身的损坏，因此计算箔条数 N 时应考虑一定的余量，一般取

$$N = (1.3 \sim 1.5)\frac{\sigma_t}{\overline{\sigma_{\lambda/2}}} \tag{2.31}$$

例如，要掩护中型轰炸机时（设 $\sigma_t = 70\ \mathrm{m}^2$），对于波长 $\lambda = 4\ \mathrm{m}$ 的雷达干扰，这时半波长箔条的长度为 $2\ \mathrm{m}$，这种长度的箔条在空中将任意取向，其单

根箔条的平均有效反射面积为

$$\overline{\sigma}_{\lambda/2} = 0.17\lambda^2 = 2.27(\mathrm{m}^2)$$

所以，每包的箔条数为

$$N = (1.3 \sim 1.5)\frac{\sigma_\mathrm{t}}{\overline{\sigma}_{\lambda/2}} = 33.4 \sim 38.4(根)$$

对于波长为 $\lambda = 10$ cm 的雷达干扰，这时半波长箔条的长度为 5 cm，这样的短箔条在空中基本上都在水平方向上任意取向，其单根箔条的平均有效反射面积应为

$$\overline{\sigma}_{\lambda/2} = 0.32\lambda^2 = 0.0032(\mathrm{m})^2$$

则每包的箔条数为

$$N = (1.3 \sim 1.5)\frac{\sigma_\mathrm{t}}{\overline{\sigma}_{\lambda/2}} = 28\,400 \sim 32\,800(根)$$

这样的箔条只能干扰水平极化的雷达。若要干扰各种极化的雷达，需要对箔条进行一定的加工处理，使其能在三维空间做任意分布。这时每根箔条的平均有效反射面积为

$$\overline{\sigma}_{\lambda/2} = 0.17\lambda^2 = 0.0017(\mathrm{m}^2)$$

$$N = (1.3 \sim 1.5)\frac{\sigma_\mathrm{t}}{\overline{\sigma}_{\lambda/2}} = 53\,500 \sim 61\,800(根)$$

以上考虑的是箔条散开后的理想情况。实际上，箔条的散开有一个过程。当箔条包刚开始投放时，箔条的密度很大，箔条之间的遮挡效应明显，其有效反射面积比理想情况要小得多。

（2）箔条的频率响应。

为了得到大的有效反射面积，通常采用半波长箔条。但半波长箔条的频带很窄，只占中心频率的 15%~20%。为了增加频带宽度，可以采用两种方法：一是增大单根箔条的直径或宽度，但是带宽的增加量有限，且容易带来质量、体积和下降速度等问题；二是采用不同长度的箔条混合包装，为了便于生产，每包中箔条长度的种类不宜太多，以 5~8 种为宜。

（3）箔条干扰的极化特性。

短箔条在空间投放以后，由于本身所受重力和气候的影响，在空间将趋于

水平取向且旋转地下降，这时箔条对水平极化雷达信号的反射强，而对垂直极化雷达信号的反射弱。为了使箔条能够干扰垂直极化的雷达，可以在箔条的一端配重，使箔条降落时垂直取向。但下降速度变快，并且在箔条投放一段时间以后，箔条云会分成两层，上边一层为水平取向，下边一层为垂直取向，时间越长，两层分开得越远。但在飞机自卫的情况下，刚投放的箔条受到飞机湍流的影响，取向可以达到完全随机，能够干扰各种极化的雷达。长箔条（长度大于10 cm）在空中的运动规律可以认为是完全随机的，能够对各种极化雷达实施干扰。箔条云的极化特性还与雷达波束的仰角有关。在90°仰角时，水平取向的箔条对水平极化和垂直极化雷达信号的回波强弱差不多；而在低仰角时，对水平极化雷达信号的回波比对垂直极化雷达信号的回波要强得多(图2.13)。

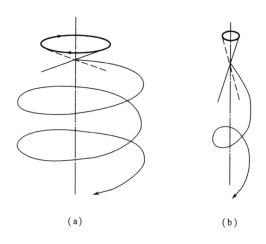

图 2.13　短箔条的运动特性

（4）箔条云回波信号的频谱。

箔条云回波是大量箔条反射信号之和。每根箔条回波的强度和相位是随机的，其频谱可以认为是高斯谱，其频谱中心对应于箔条云移动的中心频率，其频谱宽度主要取决于风速，风速越大，频谱越宽。箔条云的平均运动速度 v_0 为

$$v_0 = \sqrt{v_F^2 + v_L^2} \qquad (2.32)$$

式中，v_F、v_L 分别为风的平均速度和箔条的平均下降速度。

应当指出的是，箔条云的频谱宽度通常只有几十赫兹，即使在阵风、旋风

作用下,其频谱宽度也只有几百赫兹。因此,对于具有多普勒频率处理能力的雷达,箔条云干扰的效果明显降低。这时可以采用复合式干扰,利用有源干扰产生宽带多普勒噪声,以弥补箔条干扰带宽不足的缺陷。

(5) 箔条云对电磁波的衰减。

电磁波通过箔条云时,其能量因箔条的散射而受到衰减,下面通过推导电磁波通过箔条云后的衰减方程及箔条云对电磁波的衰减系数来说明箔条云对电磁波的衰减程度。图 2.14 所示为电磁波通过单元体积的箔条云示意图。设面积为 1 m²、厚度为 dx 的单元体积的箔条云所散射的能量为 dP,由于箔条云散射的能量与其有效散射面积成正比,因此

$$dP = -P\overline{\sigma}_e dx \qquad (2.33)$$

式中,P 为加到单元体积输入端的电磁波功率;dP 为单元体积中箔条散射的功率;$\overline{\sigma}_e$ 为单元体积中箔条的有效散射面积。由于单位体积中的箔条($\overline{n}$ 条)的有效散射面积为

$$\overline{\sigma}_e = \overline{n}\, 0.17\lambda^2 \qquad (2.34)$$

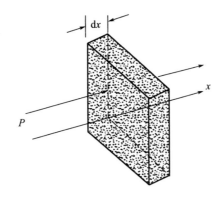

图 2.14 电磁波通过单元体积的箔条云示意图

因此,式 (2.33) 可以写为

$$\frac{dP}{dx} + P\overline{n}\, 0.17\lambda^2 = 0 \qquad (2.35)$$

解此方程,并代入边界条件($x = 0$ 时,$P = P_0$),就可求得电磁波通过厚度为 x 的箔条云后的功率为

$$P = P_0 e^{-\bar{n}0.17\lambda^2 x} \qquad (2.36)$$

将此方程用箔条云对电磁波的衰减系数（单位为 dBmW）表示，即

$$P = P_0 10^{-0.1\beta x} \qquad (2.37)$$

则

$$\beta = 4.3(\bar{n}0.17\lambda^2) \qquad (2.38)$$

雷达电波为双程衰减时，两次衰减后的电磁波功率为

$$P = P_0 10^{-0.2\beta x} \qquad (2.39)$$

2. 箔条干扰的战术应用

箔条的优越性能使它在现代战争中有着日益广泛的应用，用于在主要攻击方向上形成干扰走廊，以掩护目标接近重要的军事目标，或制造假的进攻方向；用于洲际导弹再入大气层时形成假目标；用于飞机自卫、舰船自卫时的雷达诱饵。

(1) 箔条用于飞机自卫。

箔条用于飞机自卫是利用了箔条对雷达信号的强反射，将雷达对飞机的跟踪吸引到对箔条的跟踪上。为了达到这一目的，箔条必须在宽频带上具有比被保护飞机大的有效反射面积，必须保证在雷达的每个分辨单元内至少有一包箔条，箔条诱饵的投放时间要求如图 2.15 所示。在径向方向上，箔条的投放时间间隔 τ_i 应小于飞机飞过距离分辨单元 τ 的时间，即

$$\tau_i \leq \frac{c\tau}{2v\cos\alpha} \qquad (2.40)$$

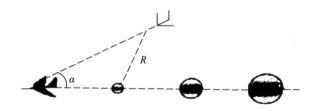

图 2.15 箔条诱饵的投放时间要求

式中，α 为飞机飞行方向与径向方向的夹角。

在切线方向上，箔条的投放时间间隔应小于飞机飞过雷达角度分辨单元的

时间，即

$$\tau_i \leq \frac{R\theta_{0.5}}{v\sin\alpha} \tag{2.41}$$

飞机在箔条的投放中应保证箔条能快速散开，并且在方向上做适当的机动，以躲避雷达的跟踪。按这种方式投放箔条，更有利于干扰飞机身后雷达，这时雷达的距离波门将首先锁定在距雷达较近的箔条上。

（2）箔条用于舰船自卫。

箔条用于舰船自卫时有两种方法。一种方法是大面积投放，形成箔条云以掩护舰船。因为舰船体积庞大，其有效反射面积高达数千甚至数万平方米，所以需要专门的远程投放设备，其价格昂贵，箔条用量也大；另一种是把箔条作为诱饵，以干扰敌攻击机或导弹对舰船的瞄准攻击。实战表明，箔条对飞航式反舰导弹的干扰特别有效，而且更加经济和灵活，已成为现代舰船广泛采用的电子对抗手段。

这种诱饵式箔条干扰的原理是：当舰上侦察设备发现来袭导弹后，立即在舰上迎着导弹来袭方向发射快速离舰散开的箔条弹，使其与舰船都处于雷达的分辨单元之内，从而使导弹跟踪到比舰船回波强得多的箔条云上。同时，舰船应根据导弹来袭方向，舰船航向、航速以及风速做快速机动，以躲避雷达的跟踪。由于舰船的运动速度慢，有效反射面积大，因此应尽早发现来袭导弹，为舰船发射箔条弹和机动提供足够的时间。

2.3.2 反射器

在雷达的无源干扰中，经常需要使用多种不同形式的反射器，以产生强烈的雷达回波。一个理想的导电金属平板，当其尺寸远大于波长时，可以对沿法线方向入射的电波产生强烈的回波。导电金属平板的有效反射面积为

$$\sigma_{max} = 4\pi \frac{A^2}{\lambda^2} \tag{2.42}$$

式中，A 为金属平板的面积。

如果电波不是从法线方向垂直入射，而是沿其他方向入射，这时平板虽然也能很好地将电波反射出去，但由于电波被反射到其他方向去了，因此其回波信号极其微弱，相应的有效反射面积就很小，不能满足干扰雷达的要求。

因此，对反射器的主要要求应是：

（1）以小的尺寸和质量，获得尽可能大的有效反射面积；

（2）要具有足够宽的方向图。

为此，人们研究了多种性能优良的反射器，如角反射器、双锥反射器、龙伯透镜反射器、万·阿塔反射器等。

1. 角反射器

角反射器是利用3个互相垂直的金属平板制成的，其类型如图2.16所示。根据它各个反射面的形状不同可分为三角形、圆形、方形3种角反射器。

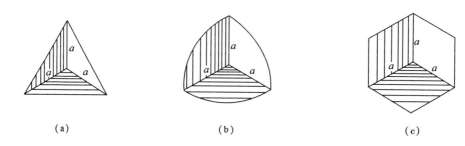

图2.16 角反射器的类型

（a）三角形；（b）圆形；（c）方形

（1）角反射器的有效反射面积。

角反射器可以在较大的角度范围内将入射的电波经过3次反射按原入射方向反射回去，如图2.17（a）所示，因而具有很大的有效反射面积。角反射器的最大反射方向称为角反射器的中心轴，它与3个垂直轴的夹角相等，均为54°45′，如图2.17（b）所示，在中心轴方向上的有效反射面积最大。因此，只要求得角反射器相对于中心轴的等效平面面积，代入式（2.42），即可求出角反射器最大有效反射面积的表达式分别为

$$\sigma_{\triangle\max} = \frac{4\pi}{3} \cdot \frac{a^4}{\lambda^2} = 4.19 \frac{a^4}{\lambda^2} \tag{2.43}$$

$$\sigma_{\odot\max} = 15.6 \frac{a^4}{\lambda^2} \tag{2.44}$$

$$\sigma_{\square\max} = 12\pi \frac{a^4}{\lambda^2} = 37.3 \frac{a^4}{\lambda^2} \tag{2.45}$$

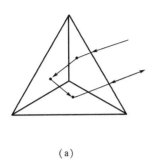 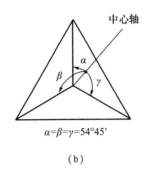

(a)   (b)

图 2.17　角反射器的原理及最大反射方向

比较上述 3 个公式，可以看出，在垂直边长 a 相等的条件下，三角形角反射器的有效反射面积最小，圆形角反射器的次之，方形角反射器的最大，为三角形角反射器的 9 倍；角反射器的有效反射面积与其垂直边长 a 的 4 次方成正比，增加 a 可以得到更大的有效反射面积；角反射器的有效反射面积与波长 λ 的平方成反比，同样尺寸的角反射器，对于不同波长的雷达，其有效反射面积不同。例如，设三角形角反射器的 $a=1\ \mathrm{m}$，则对于 $\lambda=3\ \mathrm{cm}$ 的雷达，三角形角反射器的最大有效反射面积为

$$\sigma_{\triangle \max} = 4.19\frac{a^4}{\lambda^2} = 4.19 \times \frac{1^4}{(3\times 10^{-2})^2} = 4\ 656(\mathrm{m}^2)$$

对于 $\lambda=10\ \mathrm{cm}$ 的雷达，三角形角反射器的最大有效反射面积为

$$\sigma_{\triangle \max} = 4.19 \times \frac{1^4}{(10\times 10^{-2})^2} = 419(\mathrm{m}^2)$$

三角形角反射器对制造的准确性要求很高，如果 3 个面的夹角不是 90°或者反射面凹凸不平都将引起有效反射面积的显著减小。通常要求在 $a=(60\sim70)\lambda$ 时，应有 $\sigma/\sigma_{\max}\geqslant 0.5$，因此角度偏差不能大于 $\pm 0.5°$。

三角形角反射器结构较方形角反射器坚固，不容易变形。另外，其方向覆盖性能比方形角反射器好，所以三角形角反射器使用较广泛。

（2）角反射器的方向性。

角反射器的方向性以其方向图宽度来表示，即当有效反射面积降为最大有效面积的 1/2 时的角度范围。角反射器的方向性，包括水平方向性和垂直方向性，它们在对雷达的干扰中都有重要意义。

角反射器的方向图应越宽越好，以便在较宽的角度范围内对雷达都有较强的回波。图 2.18 所示是三角形角反射器水平方向图的实验曲线，它的 3 dB 宽度约为 40°（理论分析结果为 39°）。曲线两边的尖峰是当入射波平行于一个边时，由其他两个面产生的反射波。圆形角反射器和方形角反射器的方向图要比三角形的窄。圆形的方向图宽度约为 30°，方形的最窄，约为 25°。

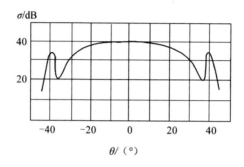

图 2.18　三角形反射器的水平方向图的实验曲线

通常为使角反射器具有宽的水平方向覆盖，都采用四格（四象限）的角反射器。四格角反射器及其水平方向图如图 2.19 所示。四格三角形角反射器，可以覆盖 40° × 4 = 160° 的角度范围，而四格方形角反射器则只能覆盖 25° × 4 = 100° 的角度范围。为了全方位覆盖，可采用两个相同的四格角反射器，使其互差 45° 配置在一起，如图 2.20（a）所示，则其方向图是两者方向图的重叠，如图 2.20（b）所示。这时覆盖的角度为 40° × 8 = 320°，即基本上具有全方位覆盖的性能。

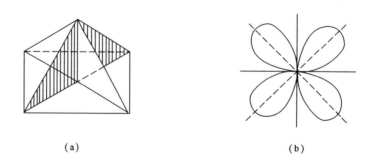

图 2.19　四格角反射器及其水平方向图

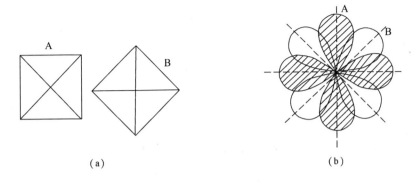

(a)   (b)

图 2.20　用两个四格角反射器进行全方位覆盖

四格角反射器适用于地面和水面，空中使用时则常采用八格（八象限）的角反射器，如图 2.21 所示。八格角反射器多采用三角形或圆形，这样结构上紧凑、坚固，体积也比较小。八格三角形角反射器的有效反射面积不如圆形角反射器的大，但它的全方位覆盖性能却优于圆形角反射器。

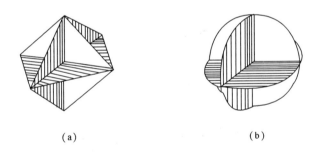

(a)   (b)

图 2.21　具有全方向性能的八格角反射器

（3）角反射器的频率特性及双波段运用。

角反射器的最大有效反射面积 $\sigma_{\max} \propto 1/\lambda^2$，所以同一角反射器对两个波长 λ_1 和 λ_2 的最大有效反射面积之比为

$$\frac{\sigma_{\max}(\lambda_1)}{\sigma_{\max}(\lambda_2)} = \left(\frac{\lambda_2}{\lambda_1}\right)^2 \text{ 或 } \frac{\sigma_{\max}(\lambda_1)}{\sigma_{\max}(\lambda_2)} = \left(\frac{f_1}{f_2}\right)^2 \qquad (2.46)$$

例如，轰炸瞄准雷达常常采用两个波段工作，在远距离时用 3 cm 波段，在近距离时用 8 mm 波段，以便得到清晰的地面图像。设 $\lambda_1 = 3.2$ cm，$\lambda_2 = 8$ mm，波长比为 4，则同一角反射器的最大有效反射面积比为 16。这样作为伪

装用的角反射器很容易被识别出来。

为了使角反射器对两个波段都呈现出相同的最大有效反射面积，可采用以下两种方法：

①利用金属网和金属板做成复合式角反射器。

利用金属网和金属板做成的复合式角反射器如图 2.22 所示。设两个波长为 λ_1、λ_2，且 $\lambda_1 < \lambda_2$。由角反射器最大有效反射面积计算公式（2.43）可知，如果使复合式角反射器外部的金属网部分对短波长的 λ_1 电波不产生反射（使它穿透过去），而对长波长的 λ_2 电波又能全部反射，就可根据所需 σ 对求得 a_1；对 λ_2 求得 a_2，进而确定角反射器各部分的尺寸。这时，金属网的网眼直径 d 必须满足的条件是

$$\left(\frac{1}{6} \sim \frac{1}{8}\right)\lambda_2 > d > \left(\frac{1}{6} \sim \frac{1}{8}\right)\lambda_1 \tag{2.47}$$

显然，这种复合式角反射器只适用于波长 λ_1 和 λ_2 相差较大的两个波段。

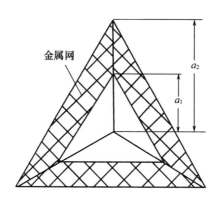

图 2.22　利用金属网和金属板做成的复合式角反射器

②选择合适的偏差角实现角反射器的双波段运用。

当角反射器的各反射面不成 90°时，将会引起最大有效反射面积减小，而且随着频率的增高，最大有效反射面积减小得更多，如图 2.23 所示。图中只画了角度偏差为 1.9°和 3°时的两条曲线。例如，由偏差角为 1.9°的曲线可知，在频率为 3.5 GHz 和 10 GHz 两个频段上的最大有效反射面积相等（100 m²）；对于偏差角为 3°的曲线，它在 3 GH 和 5 GHz 两个频段上的最大有效反射面积也基本相等（50 m²）。

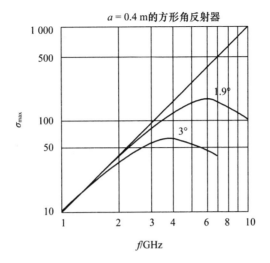

图 2.23 角反射器由于角偏差引起的最大有效反射面积的减小与频率的关系

因此，只要合适地选择偏差角，就可以使角反射器在两个指定的频段上具有相同的有效反射面积。在图 2.23 中，如果偏差角为 2.3°，就可使角反射器在 10 cm（3 GHz）和 3 cm（10 GHz）两个波段具有基本相等的有效反射面积。

2. 双锥反射器

双锥反射器是由两个圆锥导体相交而成的，其交角为 90°，使入射的电波经两次反射后按原方向反射回去，如图 2.24（a）所示。

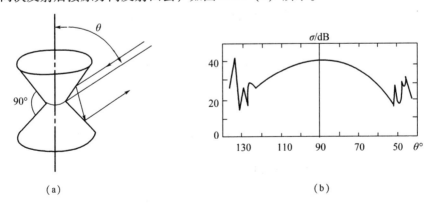

图 2.24 双锥反射器及其垂直方向图

（a）双锥反射器；（b）双锥反射器垂直方向图的实验曲线

双锥反射器的优点是水平方向无方向性（具有全方位性能），垂直方向有较宽的方向图，其最大反射方向与地面平行，因而比角反射器的低仰角性能好。图2.24（b）所示是双锥反射器垂直方向图的实验曲线。双锥反射器的最大有效反射面积在 $\theta = 90°$ 方向上，其表示式为

$$\sigma_{\max} = \frac{32\pi}{9\lambda_0^2}[a_2 - \sqrt{2a_2 - a_1 - a_1^{\frac{3}{2}}}]^2 \qquad (2.48)$$

式中，a_1 为双锥相交圆的半径；a_2 为双锥的底圆半径。

图2.24（b）所示曲线是对一个 $a_1 = 38.1$ mm，$a_2 = 215.9$ mm 的双锥反射器，在波长 $\lambda_1 = 1.25$ cm 时的垂直方向图的实验曲线，其 $\theta = 90°$ 方向上的 $\sigma = 157$ m^2。

双锥反射器的主要缺点是有效反射面积比同样尺寸的角反射器小；比角反射器制造复杂，造价高，因而用得不多。

2.4 雷达抗干扰技术

由于有源干扰和无源干扰的作用机理不同，因此雷达对抗有源干扰和无源干扰的技术原理也不尽相同。雷达对抗有源干扰的技术措施主要可以分为两类。第一类措施主要在进入接收机前采用，通过选取雷达基本参数，如输出功率、频率、脉冲重复频率、脉冲幅度、天线性能、天线方向图及扫描方式等，尽量将干扰排除在接收机之外；第二类措施主要用于抑制进入接收机内部的干扰信号，利用信号处理技术使雷达接收机的输出信噪比增至最大。雷达对抗无源干扰的主要措施是利用目标回波信号与无源干扰物形成的干扰信号之间运动速度的差异，采用动目标显示、动目标检测和脉冲多普勒雷达抑制固定（或缓慢运动）杂波干扰。

雷达对抗干扰的技术措施有很多种，有多种不同的分类方法。按雷达抗干扰的原理来分类可以分为波形选择、空间与极化选择、功率对抗、频率选择、最佳接收、动目标处理技术等。本节主要介绍上述几类抗干扰技术的基本原理，重点介绍空间选择技术的基本原理。

2.4.1 波形选择

1. 信号波形分类

雷达信号的形式与雷达的威力、精度、分辨力、抗干扰能力等主要战技指标都有密切关系。雷达的几个主要组成部分，如发射机、接收机、信号处理设备也都与雷达信号波形有关。因此，人们总是希望所使用的信号既容易形成，又容易在收到的回波信号中提取出有用信息，消除干扰。所以，从提高雷达抗干扰性能的角度来研究雷达信号的波形就很有必要。

目前雷达信号具有多种多样的信号形式，图 2.25 所示是雷达信号的一种简单分类。

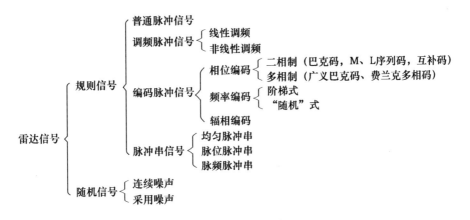

图 2.25 雷达信号的一种简单分类

2. 信号的模糊函数

检测、分辨与估值各自反映了雷达观测目标这一过程的不同侧面。检测指的是从噪声、杂波或其他干扰的环境中识别出雷达目标回波信号，表明雷达对目标的可见性；估值指的是在保证一定精度的前提下有效地提供目标的位置、形状、姿态等参数，表明可测性；而分辨指的是在多目标（包括干扰）环境中区分出特定目标的能力，指的是可分性。分辨与模糊是对立的概念，如果说分辨是指可分性，那么模糊就是指不可分性。

分辨可以根据目标的位置参数（距离、方位角、仰角）或运动参数（速度、加速度）其中之一来进行。雷达的角度分辨力取决于天线方向图，距离与速度分辨力则和发射信号的形式有密切关系。不同的信号形式有不同的分辨力，称为信号的固有分辨力。模糊函数是反映信号固有分辨力与信号波形关系的一种重要方法。

3. 模糊函数

（1）定义。

对于距离和速度均有差异而其他坐标参数相同的两个目标，其回波信号分别为

$$\begin{cases} s_1(t) = u(t)\mathrm{e}^{\mathrm{j}2\pi f_0 t} \\ s_2(t) = u(t+\tau)\mathrm{e}^{\mathrm{j}2\pi(f_0-\varepsilon)(t+\tau)} \end{cases} \quad (2.49)$$

式中，$u(t)$为信号的复包络；f_0为信号载频；τ为两信号的时差；ε为两信号的多普勒频差。取两个回波信号的差平方积分来表示其差别：

$$\begin{aligned} D^2(\tau,\varepsilon) &= \int_{-\infty}^{+\infty} |s_1(t) - s_2(t)|^2 \mathrm{d}t \\ &= \int_{-\infty}^{+\infty} |s_1(t)|^2 \mathrm{d}t + \int_{-\infty}^{+\infty} |s_2(t)|^2 \mathrm{d}t - 2\mathrm{Re}\left(\int_{-\infty}^{+\infty} s_1(t) * s_2(t) \mathrm{d}t \right) \\ &= 4E - 2\mathrm{Re}\left(\mathrm{e}^{-\mathrm{j}2\pi(f_0-\varepsilon)\tau} \int_{-\infty}^{+\infty} u(t) u^*(t+\tau) \mathrm{e}^{\mathrm{j}2\pi\varepsilon t} \mathrm{d}t \right) \end{aligned}$$

$$(2.50)$$

其中第一项中E是回波信号能量，其值为常数，故两信号的差异取决于第二项，即

$$\chi(\tau,\varepsilon) = \mathrm{e}^{-\mathrm{j}2\pi(f_0-\varepsilon)\tau} \int_{-\infty}^{+\infty} u(t) u^*(t+\tau) \mathrm{e}^{\mathrm{j}2\pi\varepsilon t} \mathrm{d}t \quad (2.51)$$

式中，$\mathrm{e}^{-\mathrm{j}2\pi(f_0-\varepsilon)\tau}$是主要由载频决定的快变化函数，雷达一般不用（相当于信号经过包络检波器后的情况，不利用其载频信息）。当然，由于$\mathrm{e}^{-\mathrm{j}2\pi(f_0-\varepsilon)\tau}$中也包含了两目标的多普勒频率差$\varepsilon$和时间差$\tau$的作用，这会造成回波包络的失真，在忽略这种失真的条件下，两回波信号的差异取决于包络$u(t)$的二维自相关函数

$$\chi(\tau,\varepsilon) = \int_{-\infty}^{+\infty} u(t) u^*(t+\tau) \mathrm{e}^{\mathrm{j}2\pi\varepsilon t} \mathrm{d}t \quad (2.52)$$

上式就是信号的距离－速度二维模糊函数，简称模模函数。显然$\tau=0$、

$\varepsilon=0$ 时，$\chi(\tau,\varepsilon)=\chi(0,0)$ 最大，$D^2(\tau,\varepsilon)$ 则最小，两目标在距离、速度上均无法分辨；在两目标的距离差和速度差已定，即 τ、ε 已定时，分辨的难易就取决于信号的波形，信号波形使 $\left|\dfrac{\chi(\tau,\varepsilon)}{\chi(0,0)}\right|$ 越接近 1，则两目标越难分辨；$\left|\dfrac{\chi(\tau,\varepsilon)}{\chi(0,0)}\right|$ 越小于 1，则两目标越容易分辨。$\chi(\tau,\varepsilon)$ 值的大小反映了信号 $u(t)$ 在距离和速度二维空间上的模糊程度。

（2）模糊图与模糊度图。

$|\chi(\tau,\varepsilon)|$ 或 $|\chi(\tau,\varepsilon)|^2$ 在 $\chi(\tau,\varepsilon)$ 空间一般表现为一个连续曲面，称为模糊表面，模糊表面与 $\chi(\tau,\varepsilon)$ 平面所构成的立体图称为模糊图。为了便于比较各种信号形式对不同目标环境的分辨能力，将模糊图归一化。图 2.26 所示是高斯形信号的模糊图，当某一目标的回波信号通过滤波器后出现在 A 点，$|\chi(0,0)|^2=1.0$，表示该目标与滤波器所匹配的目标无法分辨。出现在 B、C 点的目标，其 $|\chi(\tau,\varepsilon)|^2\approx 0$，说明两个目标与滤波器欲选择（即匹配）的目标在距离和速度上均有明显差别，因而容易分辨。

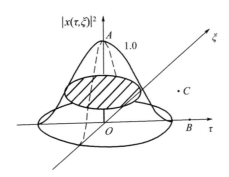

图 2.26　高斯形信号的模糊图

虽然 $|\chi(\tau,\xi)|$ 的立体图形可以形象而全面地表达两相邻目标回波信号的模糊程度（即不可分辨性），但究竟处于模糊图的什么区域内目标是可以分辨的，处于什么区域内又是不可分辨的？本书用模糊图最大值的 −6 dB 点（即半电压点）作为能否分辨的界限。用平行于 (τ,ξ) 平面的平面在 $|\chi(\tau,\xi)|^2$ 最大值的 −6 dB 处去截模糊图而形成的交迹，再投影到 (τ,ξ) 平面上形成的平面

图形，称为模糊度图（图2.27）。凡落入 -6 dB 模糊度图范围内的目标就是严重模糊的，不能分辨，凡落入 -6 dB 以外的目标则可以分辨。

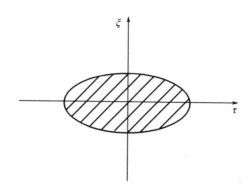

图 2.27　高斯信号形成的模糊度图

有些信号的模糊图不但有主峰，在主峰周围还有副峰。如果目标的回波处于这些副峰的模糊区，则雷达的测量将出现多值性，也会造成该目标信号与滤波器所匹配的目标（能量归一的目标）信号不能分辨，即出现模糊。

如果杂波与目标回波同时通过雷达接收机，杂波落入信号模糊区就会造成干扰；若不落入信号模糊区，则不会造成干扰，说明该信号抗杂波的能力强。

4. 模糊函数的物理意义

（1）模糊函数是目标回波信号复包络 $u(t)$ 的时间、频率二维自相关函数。前面对模糊函数的定义就是由此给出的。

（2）模糊函数是一组具有不同多普勒频移的信号在同一时间通过匹配滤波器后输出波形的组合。

5. 模糊函数的性质

（1）对原点的对称性。

$$|\chi(\tau,\xi)| = |\chi(-\tau,-\xi)| \qquad (2.53)$$

上式表明雷达信号的模糊曲面对称于原点。

（2）原点有极大值。

这个特性用模糊函数表示为

$$|\chi(\tau,\varepsilon)|^2 \leq |\chi(0,0)|^2 \qquad (2.54)$$

这一特性的物理意义可以这样理解：模糊函数的最大点也就是差平方积分的最小点，且完全不能分辨的点，在这点上的两个目标距离和径向速度都没有差别（$\varepsilon=0$，$\tau=0$）。

（3）模糊体积不变性。

模糊体积不变性，即

$$\int_{-\infty}^{+\infty}\int |\chi(\tau,\varepsilon)|^2 \mathrm{d}\tau \mathrm{d}\varepsilon = |\chi(0,0)|^2 \tag{2.55}$$

式（2.55）表明模糊曲面与（τ，ξ）平面所包围的体积（模糊体积）只决定于信号的能量，而与信号的形式无关。信号能量一定时，模糊体积是个不变的常数。这是一个十分重要的结论，称为模糊原理。选择雷达信号时，只能在模糊原理的约束下来改变模糊曲面的形状，使之与特定的目标环境相匹配，而不能企图用减小模糊体积的方法来提高分辨力。也就是使需要分辨目标的区域的模糊体积分布小些，不需要分辨的区域，模糊体积分布大些，以达到提高雷达分辨力和抗干扰能力的目的。

2.4.2 抗干扰波形选择

一部雷达采用什么样的发射信号为好，应当根据雷达的用途、威力、精度、分辨力、抗干扰能力等主要战术技术指标的要求，以及实现这种信号的发射机、接收机、信号处理设备等主要组成部分在技术上实现的难易程度和经济性加以全面的考虑。因此，雷达信号波形设计是雷达总体设计工作的一部分。现在并不是要从如此全面的角度来设计雷达信号波形，而是仅从抗干扰角度介绍一下雷达信号的波形选择问题。

1. 抗有源噪声干扰

有源噪声干扰是一种随机性最大的压制性干扰，它的干扰效果好，使用普遍。噪声干扰又可分为白高斯噪声干扰和色高斯噪声干扰两种。

（1）抗白高斯噪声。

白噪声背景中检测目标信号应当采用最佳接收系统——匹配滤波器或相关积分器，以得到最大的输出信噪比 $q_{\max}=2E/N_0$。要进一步提高 $q_{\max}$，只有加大信号能量 E 和降低干扰的谱密度 N_0。前者可以靠增大发射信号的峰值功率或平均功率、增加接收机相参积累的时间、提高天线主瓣增益等办法实现；后者则可通过降低天线副瓣增益、采用能够抑制干扰的天线极化形式、迫使敌方降低干扰功谱密度值（采用频率分集、捷变频、多波段）等措施实现。这些措施虽说不属于信号波形设计的范围，但对信号波形选择却能起到一定间接作用。因为不同的信号波形可能表现出与上述各种措施的兼容能力有所不同。例如，采用脉内调频信号，因信号的时宽带宽积大，既可迫使干扰谱密度降低，又便于增大信号能量，从而提高 q_{max}；又如伪随机序列相位编码信号也具有大的时宽带宽积，所以也是一种较好的抗白噪声干扰的信号波形。

（2）抗有源色高斯噪声。

在色噪声背景中检测信号用最佳滤波器能获得最大输出信干比。

$$q_{max} = \frac{E^2}{\int_{-\infty}^{+\infty} N(f)|S(f)|^2 df} \tag{2.56}$$

要提高 q_{max}，除了增大 E 外，就是设法降低干扰谱密度 $N(f)$ 和减小干扰与信号频谱的重叠，将信号频谱集中在干扰频谱较弱的区域，或者说使干扰的模糊函数出现在信号模糊图的低值区或空白区。为此，采用大时宽带宽积的信号，如相参脉冲串、脉内调频、伪随机相位编码信号都是可以的。

（3）抗噪声调频干扰。

噪声调频干扰是目前使用最普遍的干扰形式，它的有效频偏可以做得很大，达数百兆赫兹，覆盖的频带比其他噪声干扰宽得多，因此，一般的宽带信号和跳频方法都无明显的抗干扰效果。目前国内外研制出的宽-限-窄电路对抑制这种干扰有一定效果，但是需要从雷达信号波形上采取措施，尽量压窄信号带宽，使不等式（2.57）成立，才能有较好的抗干扰效果。

$$f_e \geq F_0 \geq B_1 \geq B \tag{2.57}$$

式中，f_e 为调频噪声的有效带宽；F_0 为调制噪声的带宽；B_1 为限幅器前带宽；B 为限幅后带宽（即匹配滤波器带宽）。

不等式中前两项是将连续噪声干扰转换成空度比较大的干扰脉冲的条件，后一项是将干扰脉冲加以有效平滑的条件。

2. 抗距离、速度欺骗干扰

距离欺骗和速度欺骗干扰都是回答式干扰，干扰设备在收到雷达发射信号后，转发一个或多个该信号的延时、移频的副本。对于非相干回答式干扰，这种复本不可能是雷达信号的精确再现。如果雷达发射信号采用复杂结构的脉内调制波形，如脉内调频、相位编码调制等信号，干扰机转发的副本便会严重失真。雷达接收系统对目标回波信号是匹配的，其输出为

$$\chi(\tau,\xi) = \int_{-\infty}^{+\infty} u(t)u^*(t+\tau)e^{j2\pi\varepsilon t}dt \tag{2.58}$$

而对于干扰脉冲是严重失配的，其输出为

$$\chi_J(\tau,\xi) = \int_{-\infty}^{+\infty} v(t)u^*(t+\tau)e^{j2\pi\varepsilon t}dt \tag{2.59}$$

$\chi(\tau,\xi)$ 是目标回波信号复包络 $u(t)$ 的时间、频率二维自相关函数（模糊函数），一般总有一个尖锐的主峰，而 $\chi_J(\tau,\xi)$ 是目标回波信号 $u(t)$ 与干扰信号 $v(t)$ 的时间、频率二维互相关函数（也称互模糊函数），它也有自己的主峰，但是由于干扰脉冲是严重失真的信号脉冲副本，它的主峰不会与目标信号的主峰重合。换句话说，在雷达接收系统中，干扰信号必然会受到抑制。受抑制的程度取决于干扰脉冲的失真程度，失真的大小又与雷达发射信号波形有关。例如，采用 $\tau B \gg 1$ 的线性调频信号时，干扰机转发的是宽度等于发射脉冲宽度的普通脉冲信号，而目标回波则保持原来的线性调频结构，两者通过压缩滤波器后，目标回波成了一个被压缩了 τB 倍的尖锐脉冲，而干扰信号失配，不发生压缩现象，因而信干比提高 τB 倍。这就造成了抗距离欺骗或速度欺骗的有利条件。

3. 抗无源干扰

如果说功率对抗是抗有源干扰的一种有效手段，但对光源干扰无效。这种情况下雷达信号波形的选择是具有重要意义的手段，这里需要重申信号模糊原理：不同的信号形式具有不同形状的模糊图，但是只要信号的能量相同，它们的模糊体积就是一定的，而且是相同的，只是它们的主峰和副峰所占比例不同。进行抗干扰波形选择时，只能在这个模糊原理的约束下来改变模糊图的形状，其主峰避开干扰，并尽量压低副峰或将副峰移到无关紧要的区域去。

2.4.3 空间选择法抗干扰

空间选择法抗干扰是指尽量减少雷达在空间上受到敌人干扰的机会。空间选择法抗干扰技术的核心是通过雷达天线的设计，提高雷达的空间鉴别和滤波

的能力。所采用的具体技术包括低旁瓣和超低旁瓣天线技术、空间滤波、旁瓣消隐技术、旁瓣对消技术、天线自适应抗干扰技术。

1. 低旁瓣和超低旁瓣天线技术

雷达分辨体积单元 ΔV_s，是指由 θ_α、θ_β、τ 所构成的空间体积，如图 2.28 所示。其表达式为

$$\Delta V_s = R\theta_\alpha \times R\theta_\beta \times \frac{1}{2}c\tau \tag{2.60}$$

式中，R 为目标的距离。

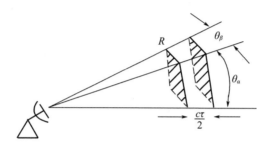

图 2.28 雷达分辨体积单元

减小雷达分辨体积单元，不仅能使进入雷达的干扰功率减小，而且还降低雷达信号被敌方侦察设备截获的可能性。由天线增益与波束宽度关系的经验公式可以看出，减小 θ_α、θ_β 将使天线增益提高。当波束足够窄、旁瓣足够低时，雷达将只接收目标回波信号，而将目标周围空间的各种干扰抑制掉，能够提高雷达接收的信干比。

目前，低旁瓣和超低旁瓣天线已经成为提高雷达系统整体性能的一个重要方面。要想使雷达能在严重地物干扰和电子干扰环境中有效地工作，必须尽可能采用低旁瓣的天线。低旁瓣和超低旁瓣天线还能有效地避免雷达遭反辐射导弹的袭击。一般天线的最大旁瓣电平为 -13 ~ -30 dB，低旁瓣天线的最大旁瓣电平为 -30 ~ -40 dB，而超低旁瓣天线的最大旁瓣电平在 -40 dB 以下。

天线的旁瓣电平主要由天线的照射特性、初级馈源泄漏和口径阻挡效应及天线的加工精度等因素决定。对于轴对称的反射面天线（如抛物面天线），由于初级馈源泄漏和阻挡效应，很难做成超低旁瓣天线。平面阵列天线却有很大潜力，可以做成超低旁瓣天线。平面阵列天线的超低旁瓣是利用计算机辅助设

计（Computer Aided Design，CAD）和计算机辅助机械加工来实现的，其关键技术是鉴别和控制影响天线旁瓣电平的误差源（如天线结构、各辐射元之间的互耦、天线各种制造误差和频率响应等）。

20世纪80年代末，由于国外天线旁瓣设计理论方面有了新的突破，在天线设计和制造方面广泛采用了计算机辅助设计（CAD）和计算机辅助制造（Computer Aided Manufacturing，CAM），再加上对大型雷达天线近场精密测试技术的提高，已实现了对每一部出厂天线进行检测，发现缺陷并及时修正。因此，新型雷达天线已实现了低旁瓣水平（一般在 -30 dB 左右）。

2. 空间滤波

进入雷达干扰信号的强弱与天线波束宽度有关，波束宽，进入的干扰信号较多；波束窄，进入的干扰信号较少，所以，雷达天线波束实质上是一个空间滤波器，起着空间滤波的作用。根据空间滤波特性的不同，可以分为峰值滤波器和零值滤波器。

（1）峰值滤波器。

对于干扰均匀分布的环境（如分布式消极干扰或大范围的点式干扰），减小天线波束宽度，使波束主瓣足够窄，天线增益足够高，旁瓣尽量低，就能使信号干扰比达到最大。因为这种方法滤去干扰，而使信号干扰比最大，所以称为峰值滤波器，又称为波束匹配，如图 2.29 所示。常规雷达天线的波束实际

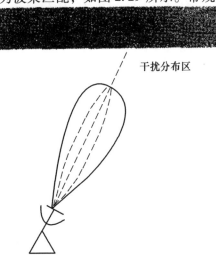

图 2.29　峰值滤波器

上就是一种峰值滤波器,因此,为了提高雷达的抗干扰能力应尽量减小天线波束主瓣宽度,提高天线增益,压低旁瓣。大型相控阵面天线波束宽度窄,且波束指向可以捷变,是一种良好的天线峰值滤波器。

(2) 零值滤波器。

当目标周围只有少数几个点式干扰源(如压制性积极干扰)时,干扰源可以看成是点源,把天线波束零点对准干扰源方向即可滤除干扰,称之为零值滤波器,如图 2.30 所示。因为零值滤波器滤去零值方向的干扰,所以在其他方向就不再受这个干扰的影响,可以正常地接收目标信号。由于干扰源在空间相对位置是变化的,零值滤波器的零值位置也要相应变化。旁瓣对消技术是应用零值滤波的一个例子。

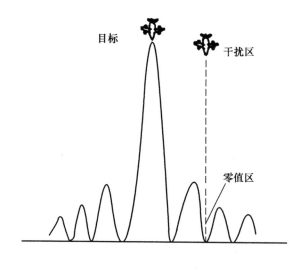

图 2.30　零值滤波器

3. 旁瓣消隐(Side Lobe Blanking,SLB)技术

雷达天线旁瓣的存在,使敌方能够实施旁瓣干扰,而且是很强的干扰甚至能形成全方位的干扰扇面。为了消除从旁瓣进入的干扰,可采用旁瓣消隐和自适应旁瓣对消技术。旁瓣消隐技术是在原雷达接收机(主路接收机)基础上增设一路辅助接收机,主路接收机所用的主天线为原雷达天线,辅助接收机所用的辅助天线为全向天线,其增益略大于或等于主天线最大旁瓣增益(远小于主瓣增益)。主天线和辅助天线的方向图如图 2.31 所示。

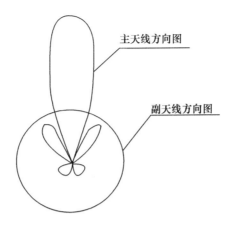

图 2.31 主天线和辅助天线的方向图

旁瓣消隐的原理方框图如图 2.32 所示。主天线和辅助天线的输出信号或干扰分别经过主路接收机和辅助接收机送至比较器，在比较器中进行比较。当主路接收机输出大于辅路接收机的输出时，选通器开启，将主路接收机的信号经过选通器送往显示器，这是目标处于主瓣方向的情况。当主路接收机输出的信号或干扰小于（或等于）辅路接收机的输出时，则产生消隐脉冲送至选通器关闭选通器，没有信号送往显示器，从而消除了来自旁瓣的干扰。这种方法的优点是结构简单，易于实现。其缺点是只对低工作比的脉冲干扰有效，对于杂波干扰和高工作比的脉冲干扰，因为主瓣大部分时间处于关闭状态，所以不适用。

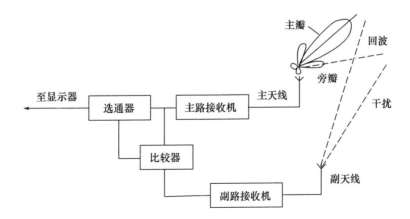

图 2.32 旁瓣消隐的原理方框图

4. 旁瓣对消技术

旁瓣对消（Side Lobe Cancellation，SLC）是一种相干处理技术，可减小通过天线旁瓣进入的噪声干扰，目前的 SLC 技术已能使旁瓣噪声干扰减低 20~30 dB。旁瓣自适应对消系统的组成如图 2.33 所示。

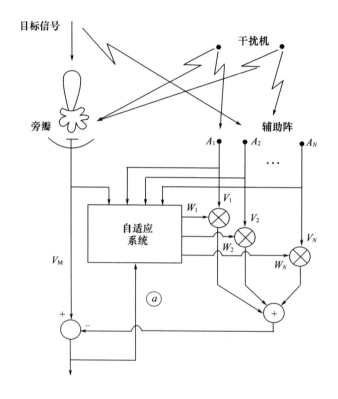

图 2.33　旁瓣自适应对消系统的组成

在主天线波瓣收到目标信号的同时，天线的旁瓣响应中收到了干扰信号，干扰信号也被几个辅助天线接收到，它们在干扰机方向上的增益大于主天线旁瓣的增益。通常在辅助天线上收到的干扰信号强度远大于目标信号。

每一个辅助天线收到的干扰信号在幅度和相位上进行复加权形成矢量和信号，然后与主天线的干扰信号相减。权值是由一个自适应处理器控制的，可以使干扰信号功率在系统的输出中最小。

下面用一个简单例子说明自适应对消的原理。如图 2.34（a）所示，主天线接收到的信号，包括回波 $U_{S0}(t)$ 和干扰 $U_{J0}(t)$ 经过接收机处理后送到相加器，副天线接收的信号分成互相正交的两路：$U_{JC}(t)$ 和 $U_{JCV}(t)$，分别经 W_1 和 W_2 加权后，也送到相加器，3 个信号相加的矢量和作为输出信号。适当调节 W_1、W_2 的值，使

$$U_{J\sum}(t) = U_{J0}(t) + W_1 U_{JC}(t) + W_2 U_{JCV}(t) = 0 \quad (2.61)$$

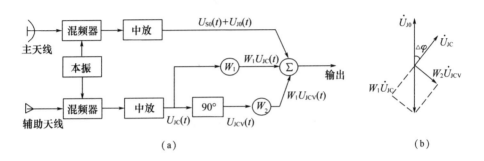

图 2.34 自适应对消的原理框图

就可将主天线和辅助天线接收的干扰对消掉，它们之间的矢量关系如图 2.34（b）所示。设辅助天线与主天线所接收的干扰信号幅度比为 a，相位差为 $\Delta\varphi$，即 $\dot{U}_{JC} = a\dot{U}_{J0}e^{-j\Delta\varphi}$，则根据矢量关系可求得当 $W_1 = -\cos\Delta\varphi/a, W_2 = -\sin\Delta\varphi/a$ 时，$\dot{U}_{J\sum} = 0$。对回波信号，由于主瓣增益远大于辅助天线增益，因此辅助天线所接收的回波信号相对于主天线的来说是非常弱的，在相加器处与主天线接收的回波信号矢量相加时，其影响是很小的，所以，回波信号经对消器后损失很小。

由于目标和干扰源都在运动，而天线是随目标运动而转动的，辅助天线与主天线旁瓣所接收的干扰信号的幅度比 a 和相位差 $\Delta\varphi$ 都在不断地变化，无法用人工控制 W_1、W_2 的办法来实现旁瓣对消。因此，必须根据两天线所接收的干扰情况自动地计算和调整 W_1、W_2 的数值。

5. 天线自适应抗干扰技术

天线自适应抗干扰技术就是根据信号与干扰的具体环境，自动地控制天线波束形状，使波束主瓣最大值方向始终指向目标而零值方向指向干扰源，以便能最多地接收回波能量和最少地接收干扰能量，使信干比最大。所以，自适应

抗干扰天线属于零值滤波器型天线，其原理框图如图 2.35 所示。

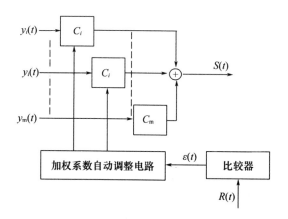

图 2.35　天线零值滤波器自适应抗干扰的原理框图

自适应天线是由许多天线元组成的天线阵，每个天线元接收的信号 $y_i(t)$ 经各自复数加权网络 C_i（改变增益及相位的放大器）后组合相加产生阵输出 $S(t)$。为了实现自适应，将 $S(t)$ 与一个参考信号 $R(t)$ 进行比较产生误差信号 $\varepsilon(t)$，此误差信号送到加权系数自动调整电路控制和调整各天线元的加权系数 C_i，从而使输出信号 $S(t)$ 发生改变，最终使 $S(t)$ 和 $R(t)$ 趋于一致，误差信号 $\varepsilon(t)$ 最小。其中，参考信号 $R(t)$ 应与接收的有用信号一致，而与干扰信号尽量不同，这样才能更好地接收有用信号而抑制干扰，$R(t)$ 可以用参考信号产生器来产生。

天线自适应抗干扰系统是一个反馈系统，或是一个典型的复杂自控系统。这种系统的优点是具有从强干扰中检测微弱信号的能力，而且干扰越强，系统的自适应能力和响应速度就越快；其缺点是对主瓣干扰和后瓣干扰的自适应能力低，干扰源数目较多时，自适应能力低，在非干扰源方向的旁瓣较大，而且结构复杂，成本高。

6. 极化选择

极化对抗又称极化滤波，它是利用目标回波信号和干扰之间在极化上的差异来抑制干扰，提取目标信号的技术。

利用雷达的极化特性，抗干扰有两种方法。

第一种方法是尽可能降低雷达天线的交叉极化增益,以此来对抗交叉极化干扰。为了能抗一般的交叉极化干扰,通常要求天线主波束增益比交叉极化增益高 35 dB 以上。

第二种方法是控制天线极化,使其保持与干扰的极化失配,能有效地抑制与雷达极化方向正交的干扰信号。从理论上看,当雷达的极化方向与干扰机的极化方向垂直时,对干扰的抑制度可达无穷大。但实际上,由于受天线极化隔离度的限制,仅能得到 20 dB 左右的极化隔离度。极化失配对干扰信号的抑制量参见表 2.1。

表 2.1 极化干扰抑制量　　　　　　　　　　　　dB

		干扰机极化方式			
		水平	垂直	左旋	右旋
雷达极化方式	水平	0	∞[①]	3	3
	垂直	∞[①]	0	3	3
	左旋	3	3	0	∞[①]
	右旋	3	3	∞[①]	0

注:①表示实际极限约为 20 dB。

由于敌方干扰信号的极化方向事先是未知的,因此要实现极化失配抗干扰就必须采用极化侦察设备和变极化天线,自适应地改变发射和接收天线的极化方向,使接收的目标信号能量最大而使接收到的干扰能量最小,极化抗干扰的原理方框图如图 2.36 所示。当自卫干扰机或远距离支援干扰机正使用某种极化噪声干扰信号时,通过极化测试仪可以测得干扰信号的极化数据,由操纵员或自动控制系统控制雷达天线改变天线极化方式,最大限度地抑制干扰信号,获得最大的信号干扰比。

此外,极化抗干扰技术还包括极化捷变、极化分集等,其基本原理都是通过对天线极化方向的调整抑制对干扰信号的接收。

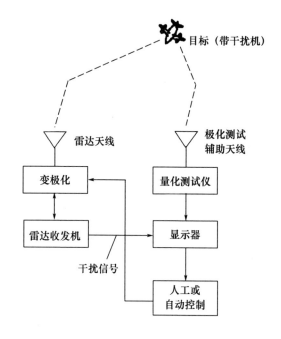

图 2.36　极化抗干扰的原理框图

2.4.4　战术抗干扰措施

雷达抗干扰除了技术抗干扰措施外，还有战术抗干扰措施，主要包括以下内容：

1. 消灭干扰源

使用火炮、飞机、导弹等一切常规火力杀伤武器摧毁干扰源是最彻底的抗干扰手段，也可以用反辐射导弹攻击干扰辐射源。

2. 将各种形式多种波段的雷达合理地组成雷达网

由于不同形式雷达的工作体制、频率、极化、信号参数等都不相同，并且占据了较大的空域，因此不可能同时受到敌方严重的干扰。将这些雷达合理地组成雷达网，可以利用网内不受干扰或只受到轻微干扰的雷达提供的数据来发现、跟踪目标，以此实现强干扰下对敌方目标的探测、跟踪与攻击。显然，雷达网中必须配备有可靠的通信设备、精确的坐标转换系统以及高效率的指挥控制系统。

3. 与光学、红外设备和激光雷达配合使用

光学设备具有不受电磁干扰、不受消极干扰、不受地面多路径影响、测量精度高等优点。当雷达受到严重干扰时，将这些设备与雷达配合使用，就可以利用光学设备完成目标跟踪和导弹制导任务。光电设备的缺点是作用距离较近且容易受气象条件的影响。

4. 采用被动式雷达定位与双（多）基地雷达

由于被动雷达本身不辐射信号，而是利用敌方目标上的雷达、通信、导航、干扰等设备辐射的电磁波实现对目标的定位和跟踪，因此被动雷达常用单脉冲体制实现对目标的角度跟踪，采用多站无源时差或方位测量定位法确定目标的距离。被动雷达是一种非合作工作方式，其工作完全依赖于目标上无线电设备的电磁辐射信号。双（多）基地雷达采用收、发基地分置，利用接收基地接收目标对发射信号的侧向散射波来确定目标的位置。由于接收基地不辐射电磁波，处于隐蔽位置，因此通常不会受到强烈的电磁干扰。

5. 操作抗干扰

当雷达受到严重干扰时，雷达自动检测、自动跟踪和数据处理系统可能会处于瘫痪状态。而雷达的抗干扰电路是针对某些特定干扰设计的，当干扰形式改变时，这些反干扰电路就不起作用甚至会起相反的作用。在复杂的干扰环境下，训练有素的操纵员却能改变操作程序，充分利用人的判别力来发现和跟踪目标，使雷达在一定程度上能正常工作。因而，严格训练操作人员的操作技能，不断研究在各种干扰环境下的操作方法是非常重要的。

第3章 通信对抗

3.1 通信对抗的基本概念

3.1.1 通信对抗的概念

无线电通信对抗就是为削弱、破坏敌方无线电通信系统的使用效能并保护己方无线电系统使用效能的正常发挥所采取的措施和行为的总和,简称通信对抗。通信对抗是电子战的重要分支,其实质是敌对双方在无线电通信领域内为争取无线电频谱的控制权而展开的电波斗争。无线电通信对抗存在的主要前提是无线电通信是以电磁波辐射的形式进行的,具有空间开放性;发送的信号被己方接收的同时,难以避免被敌方侦察到;在接收己方通信信号时也不能避免敌方干扰信号的侵入。

3.1.2 通信对抗技术体系

从技术的角度来看,一个完整的通信对抗系统应该由通信(反)侦察系统、通信测向系统、通信(抗)干扰及控制系统组成。系统控制与通信侦察、测向、干扰三者密切相关,而且三者的配置有时是分散在不同地方的,其中保证各子系统之间联系并协调工作的系统控制是必不可少的环节。

1. 通信侦察系统

通信侦察是获取军事、外交情报的一种方式,即用无线电侦察设备对敌方的无线电通信设备所发射的信号进行搜索、检测、识别、定位、分析及破译,以获取各种情报供有关部门使用,并且根据上述的侦察内容对敌人的活动情况提出报告。因此,通信侦察历来被各国军事通信和情报部门所重视,是通信对抗系统的重要组成部分。

无线电通信侦察按完成任务的性质也可以分为情报侦察和技术侦察两种。在电子战领域中,又将无线电通信侦察称为通信电子支援。

无线电通信技术侦察主要是详细查明敌方无线电通信设施的技术性能,如通信体制、工作频率、调制方式、信号频宽等。在和平时期,通信技术侦察为研制通信干扰设备提供了设定系统技术参数的依据,在战争时期,它能引导通信干扰机有效地施放干扰。无线电通信情报侦察的主要任务是侦听敌方各种通信、指挥联络信号,并将敌人传递的信息、密码和暗语记录下来,加以分析和破译,以获取军事情报。此外,情报侦察还担负查明敌方无线电通信设备的型号、用途、数量、配置地点和变动情况等任务,从而间接地获取敌军的配置、编制及行动企图等重要军事情报。

一般来说,无线电通信情报侦察是以无线电通信技术侦察为技术支撑的。

2. 通信反侦察系统

通信反侦察系统的主要任务是采用各种措施,保障己方无线电信号不被敌方侦察出来。有时把通信反侦察称作通信保密或保密通信,其实通信保密或保密通信只是通信反侦察的一种实施手段。扩频通信由于其良好的通信隐蔽性与保密性,已成为主要的抗侦察通信模式。

3. 通信测向系统

通信测向系统在通信侦察的基础上,对感兴趣的通信辐射源进行测向与定位,从而使侦察的数据除了频率和时间属性外,加上地理位置信息而形成一个完整的文件。

4. 通信干扰系统

通信干扰系统应用无线电干扰设备发出干扰电磁波来扰乱敌方无线电通信系统的正常工作,使其完全失效或降低其工作性能。

通信干扰有自然干扰和人为干扰两类。因为我们考虑的是通信对抗,所以着重研究的是人为干扰,人为干扰是为了破坏敌方通信,有意识施放的干扰。对付敌人的通信系统,除了用火力直接摧毁的手段外,主要依靠干扰、破坏敌方的正常通信,使敌方的指挥系统瘫痪,以掩护我军的战役或战略行动。

通信干扰不同于雷达干扰,在目前它还只能采用积极办法,不像对雷达的干扰那样进行消极干扰。因而通信干扰又称为积极的通信干扰。

5. 通信抗干扰系统

通信抗干扰也称为通信反干扰,即采用各种措施使自己的无线电通信在复杂的电磁环境中仍能正常地进行工作。作为电子战的主要内容，无线电通信对抗主要应用于信息传输领域，而雷达对抗主要应用于辐射源和运动物体的探测领域。

3.2 通信干扰原理

3.2.1 概述

无线电通信干扰（以下简称通信干扰或者干扰）就是利用通信干扰设备发射专门的干扰信号，破坏或扰乱敌方无线电通信设备正常工作能力的一种电子干扰。压制性干扰是将强干扰信号插入被干扰目标电台的通信信道中，致使有用信号淹没在干扰信号之中难以正确接收，从而发挥干扰效能。

为了保证干扰信号能够通过接收机的接收通道到达接收机的输出端，通信干扰通常采用同频干扰。通信接收机性能的不完善，使得干扰与干扰之间、干扰与信号之间产生一些非线性产物，同样也会对有用信号的接收产生干扰。当然，进入接收机的干扰不一定形成有效干扰。

1. 通信干扰的有效性

（1）有效干扰。

有效干扰是指在给定条件下，使接收设备的发现概率低于给定值，或跟踪误差大于给定值，或差错率高于给定值时的一种干扰。无线电通信有模拟通信和数字通信两种形式，两种通信系统通信质量的衡量指标不同，模拟通信系统是以传输话音为主，其通信质量是以接收端话音的字清晰度或句可懂度来衡量，所以一般以接收端解调器的输出信噪比作为衡量指标；而数字通信系统以传输数字信息为主，其通信质量是以接收端恢复出码元信息的错误概率来衡量，所以一般以解调输出的误码率作为衡量指标。由此，可以得到通信干扰是否有效的评价指标分别是解调输出信干比和解调输出误码率，评价准则分别是：当模拟通信接收机的解调输出信干比，或者数字通信接收机的解调输出误码率增大到规定的门限值以上时，认为干扰有效。干扰与通信信号一起进入目标接收机，在输出端起作用的干扰信号能量对于干扰是否有效将起着决定性作用。因此，保证干扰效果的条件是足够的干扰输出能量。当进入目标接收机的干扰功率达到一定值时，必将使得接收机输出端的信噪（干）比下降、差错率（输出信干比或输出误码率）升高，差错率高于给定值时，干扰就有效。通信接收机采取各种抗干扰措施，抑制干扰，降低进入目标接收机的干扰信号以及干扰信号在输出端的能量，保证通信接收质量。干扰方则通过选择合适的干扰方式、干扰信号特性、干扰发射功率等措施，增大进入目标接收机的干扰信号能量及其在接收机输出端的能量，提高干扰效率。

（2）干扰有效的基本条件。

①干扰信号与通信信号在时间、频率及空间上对准。

干扰只有在通信接收机接收通信信号的同时被接收到时，才可能对通信信号形成干扰，所以，干扰有效的基本条件是干扰信号必须与通信信号在时间、频率及空间上对准。

在时间、频率及空间上对准信号，首先，必须要截获目标信号并能够正确地进行参数测量、分选识别，在当今复杂多变的信号环境中，对信号的类别及特性进行识别和分析是相当困难的一件事，通常需要电子支援措施（Electronic Support Measure，ESM）提供帮助；其次，由于通信干扰是针对通信的接收端的，而截获到的信号都是来自发射机，因此对干扰方来说，准确确定被干扰目标接收机的位置需要一定的时间，也有一定的难度，故在空间上准确地对准被干扰目标是很困难的，有时甚至是不可能的。作用目标位置的不明确，使得提高干扰效率更加重要。

考虑到实际通信过程中，通信台站常常同时具有收、发功能，尤其是对战术通信电台更是如此，这样就可以借助测向、定位来获得被干扰接收机的位置信息。对战略通信电台而言，虽然采取遥控可使通信发射机与接收机不在同一地点，但其相对于干扰机来说距离就很近了，可将发射机的位置大致定为接收机的位置，这里所说的发射机是指在同一系统中处于被干扰接收机一端的发射机。同一通信系统中的电台既可"双工"工作，又可"单工"工作；其发射机与接收机既能异频工作又能同频工作。所以判断被干扰接收机的位置一般需要电子支援措施的帮助。

②通信接收机的输出端能够有足够的干扰输出功率。

干扰与通信信号一起进入目标接收机，在通信接收机的输出端起作用的干扰信号功率对于干扰是否奏效将起着决定性作用。因此，足够的干扰输出功率是保证干扰有效的基本条件。

当目标接收机输出端的干扰功率达到一定值时，必将使接收机输出端的信噪（干）比下降、差错率（输出信干比或输出误码率）升高。差错率高于给定值时，干扰就有效。

2. 干扰信号特性

不同干扰信号对不同通信信号进行干扰时，在敌方不同的通信接收系统输出的干扰能量不同；对于特定干扰信号而言，对不同通信信号进行干扰时，在敌方不同的通信接收系统输出的干扰能量也不同。所以，合理设计干扰信号，降低通信接收机对干扰信号的抑制，尽可能保证干扰信号能够在通信接收机的终端输出功率，是提高干扰效率、达到最佳干扰效果的重要手段。

（1）干扰信号的频域特性。

①干扰信号应具有丰富的频率分量。

当干扰落入接收机通带内时，接收机的输出不仅有信号，而且还有该干扰各种形式的输出。一方面，接收机会将落入接收机通带内的干扰视为信号解调输出，这部分干扰输出分量称为直通干扰；另一方面，接收端有很多非线性器件，当干扰与信号同时作用于接收机输入端时，除直通干扰外，干扰的各频率分量与信号的各频率分量由于非线性组合形成很多的组合频率分量，当这些组合频率分量满足一定条件时，就会对输出信号形成干扰。显然，干扰的频率分量越丰富，不仅直通干扰分量增加，而且组合频率分量干扰也增多，输出干扰的频率关系也越复杂，干扰给信号带来的畸变也就越大。所以，为了提高干扰的效果，希望落入接收机通带内的干扰频谱分量应尽可能多些，要求用作干扰的信号一般应具有较丰富的频率分量。

②干扰信号与目标信号的频谱重合度应尽可能高。

频谱重合度是指干扰在频域上与目标信号频谱的重合程度。从干扰功率利用率的角度考虑，干扰信号的频谱分量也不是越多越好，通常，干扰的频谱分量越多，干扰信号带宽越宽，而接收机的接收通道总是尽可能地抑制信号带宽以外的干扰，如果干扰信号的频谱宽度超过被干扰目标接收机的通带宽度，势必会有一部分干扰分量被接收通道所抑制，造成干扰能量的浪费，使得干扰不能充分地发挥其全部作用,降低了干扰功率的利用率。

由此可见,干扰信号的频谱宽度接近但不超过被干扰目标接收机的通带宽度时有可能获得最好的干扰效果。通常,接收机通带宽度是依据信号带宽来确定的,因此干扰信号的频谱宽度以与目标信号的频谱宽度一致为好,同时再考虑到应采用同频干扰,故一般易使干扰奏效的干扰频谱是与目标信号频谱相重合的干扰频谱。在这种情况下,被干扰方欲把干扰和信号从频域分开也是无能为力的。

(2) 干扰信号的时域特性。

信号不仅具有频域特征,还具有时域特征,由于不同时域特性的干扰信号可能具有相似的频谱特征,而频谱特征相同的干扰信号由于时域特性的不同可能会对接收机产生完全不同的作用结果。例如,窄带调频信号和振幅调制信号,它们具有相同的幅度频谱,都由一个载频和两个边带组成,而其时域特性完全不同,一个是振荡频率变化的等幅波,一个是振幅变化的单频正弦波。当采用振幅检波时,前者输出的是直流电压,后者输出的是交变电压。再如,两个脉宽相同但脉冲出现频度不同的随机杂乱脉冲序列,它们也具有相同的频谱结构,但由于时域特性的不同,作用于接收机后其表现各不相同。频度低的输出为单个脉冲,很难对信号形成干扰;而频度高的由于接收机响应的时延效应,其输出很可能连成一片而对信号构成干扰。由此可见,为了全面描述干扰信号的特性,除了频域特性外,还必须了解干扰信号的时域特性。那么,干扰信号应具有什么样的时域特性呢?

一方面,用于干扰的信号应该具有随机、不规则的特点。从理论上讲,任何规则的干扰都有可能被理想接收机所排除,对于那些随时间变化的特性是已知的干扰信号也是如此。例如,对于已知频率、振幅和相位的正弦波干扰,只要同时送入接收机一个与其频率、振幅相同,相位相反的正弦波,就可以消除它对信号接收的影响。显然,只有干扰随时间是随机变化的,才有可能使干扰不被接收机所抑制。因此,干扰信号的时域特性应该是不规则的,不可预知的,也是随机的。由于噪声具有很强的随机性,而且有试验证明,噪声对语音的掩蔽效应要比纯音对语音的掩蔽效应好,因此,随机噪声常常用来作为干扰信号,也可以采用受随机噪声调制的模拟通信干扰样式,而数字通信干扰样式通常选择受随机数字基带信号调制的随机键控干扰样式。

另一方面，峰值因数是联系信号最大值和均方根值的参数。一个信号的峰值因数 α 定义为该信号电压的最大值（峰值）U_m 与它的均方根值 U 之比。即

$$\alpha = \frac{U_\mathrm{m}}{U} \tag{3.1}$$

可见，峰值因数反映了信号时域波形上下起伏的程度，通常把 $\alpha<3$ 的干扰称为平滑干扰，把 $\alpha>3$ 的干扰称为脉冲干扰。当干扰和信号的峰值因数相差不大时，说明它们的起伏程度接近，这时利用时域的波形特征是很难区分干扰和信号的。因此，一般要求干扰信号的峰值因数应与被干扰目标信号的峰值因数相接近。

（3）干扰信号的能量特性。

接收机输出端干扰能量的大小对于干扰是否奏效起决定性作用，足够的干扰输出能量需要足够的干扰输入能量。因此，就必须要求进入目标接收机的干扰信号应达到足够的能量时，干扰才可能有效。有些情况下，当落入被干扰目标接收机中干扰信号的功率足够大时，即使干扰信号的频率域、时间域特性不满足要求，干扰也可能奏效。

① 信干（功率）比。

为了定量描述干扰有效时对干扰功率的需求，这里我们引入一个压制系数，用来定量地描述干扰功率与信号功率的相对值达到多大时，干扰可以有效地压制目标信号的通信。压制系数定义为保证干扰有效压制信号时，接收机输入端所需要的最小干扰平均功率与信号功率之比，即

$$k_\mathrm{y} = \frac{P_\mathrm{jmin}}{P_\mathrm{s}} \tag{3.2}$$

式中，P_s 为接收机输入端的信号平均功率，P_jmin 为保证干扰有效时，接收机输入端所需要的最小干扰平均功率。

若被干扰目标被有效压制的压制系数为 k_y，则当进入目标接收机的干扰功率 P_j 与信号功率 P_s 之比满足条件 $\frac{P_\mathrm{j}}{P_\mathrm{s}} \geq k_\mathrm{y} = \frac{P_\mathrm{jmin}}{P_\mathrm{s}}$ 时，干扰有效。

不难理解，压制系数不是一个恒定不变的数值，一方面它与被干扰目标接收机的战术、技术要求密切相关，从技术要求的角度看，不同的通信体制、不

同的接收解调方式，所需要的压制系数不同，不同的纠错能力、不同的抗干扰措施，所需要的压制系数也不同；另一方面，它与干扰方有关，不同的干扰样式、不同的干扰参数，所需要的压制系数也不同。

峰值功率和平均功率是信号功率的两种表示方法。峰值功率是信号的最大瞬时功率，它受限于发射机的放大器，当放大器一定时，峰值功率就确定了。平均功率是信号瞬时功率的统计平均值，当时间较长时，可由时间平均来代替。若信号功率和干扰功率均按峰值功率计算，可得到峰值压制系数

$$k_{ym} = \frac{(P_{jm})_{min}}{P_{sm}} \tag{3.3}$$

式中，P_{sm} 为接收机输入端的信号峰值功率；$(P_{jm})_{jm}$ 为保证干扰奏效时的接收机输入端所需要的最小干扰峰值功率。

峰值功率与平均功率之间的关系可以用峰值因数 α 联系起来。按平均功率计算的压制系数 k_y 与按峰值功率计算的峰值压制系数 k_{ym} 的关系是

$$k_{ym} = k_y \frac{\alpha_j^2}{\alpha_s^2} = k_y \frac{\gamma_j}{\gamma_s} \tag{3.4}$$

式中，α_j、α_s 分别为干扰、信号的峰值因数；γ_j、γ_s 分别为干扰、信号的峰平功率比，简称峰平比。

在以后的讨论中，除特殊说明外，本书中所说的信干比以及通信中的信噪比都是平均功率之比。实际上，对于干扰方来说，被干扰目标的压制系数是未知的，往往只能在侦察的基础上，用同类型的己方通信系统来推测压制系数。

②峰平比。

信号的峰值功率与其平均功率之比称为信号的峰平比，也称为信号的波峰系数或波峰因子，用 γ 来表示。

$$\gamma = \frac{P_m}{P} = \alpha^2 \tag{3.5}$$

式中，P_m 为峰值功率；P 为平均功率。

例如，电压幅度为 A 的单频正弦波 $s(t) = A\cos(\omega t + \varphi)$，其峰值功率为 A^2，平均功率为 $A^2/2$，是峰值功率的 $1/2$，因此正弦波信号的峰平比等于 2；两个等幅单频正弦波之和的峰值功率为 $(2A)^2$，平均功率为 A^2，因此，峰平比等

于 4；理论上，N 个等幅单频正弦波之和的合成信号的峰平比等于 $2N$，波峰系数很大。单音调制的常规调幅 AM 信号，在 100% 满调制时，峰值因数等于 2.3，峰值功率是平均功率的 5.3 倍，峰平比等于 5.3；而等幅的 FM 信号的峰值功率仅是平均功率的两倍，峰平比等于 2。

由于信号的峰值功率受限于发射机放大器，对给定的干扰发射机或通信发射机而言，信号的峰值功率一定，发射机的平均功率就取决于信号峰值因数的大小，峰值因数越小，峰平比越低，则其平均功率越大。在实际应用中，发射设备一定时，峰值功率就确定了。因此，在相同的条件下，应该尽可能地选择峰值因数小的干扰信号（如噪声调频干扰），以获取较大的干扰平均功率，从而提高干扰功率的利用率。此外，可以采用一些技术降低干扰信号的峰平比。目前，降低峰平比的技术主要有剪波法、相位优化法、峰值相消法、编码方法和压缩扩展方法等。

（4）干扰信号的调制特性。

针对同一个目标信号，采用不同调制特性的干扰信号（即不同的干扰样式）时，达到有效干扰所需要的输入干扰功率不同。因此，为了提高干扰的效率，应针对不同的信号形式及接收方式，要相应地选择不同的干扰样式。干扰样式是指通信干扰调制信号（即干扰基带信号）的种类以及对干扰载频的调制方式，即干扰样式是由干扰基带信号及干扰调制方式共同决定的，改变干扰调制信号或干扰调制方式，可以组合出很多种干扰样式。因此，干扰样式的选择包括干扰基带信号种类的选择和干扰调制方式的选择两个方面。

干扰发射方在发射干扰之前，总是希望选用最佳的干扰样式。那么，什么是最佳干扰样式？如何选取呢？

①最佳干扰样式与绝对最佳干扰样式。

最佳干扰样式是针对某种通信的某种接收方式能产生最佳干扰效果的干扰样式。对于同一个目标，采用不同的干扰样式所得到的干扰效果通常是不同的，甚至会相差很大，最直接的方法就是以干扰产生的实际效果来评定干扰样式的好坏，也就是说，最佳干扰样式就是干扰效果最好的干扰。依据通信干扰效果分析模型，可以针对各种通信信号及其相应的接收方式进行干扰效果分析，评定干扰样式的好坏，从而为选择在一定条件下能达到最好干扰效果的干扰样式提供理论依据。借助压制系数的概念，最佳干扰样式也可以理解为能达到有效干扰时干扰方付出的干扰代价最小的干扰样式，通常干扰代价可以用干扰功率或能量的大小来描述。因此，在已知信号形式和给定接收方式的情况下，压制系数最小的干扰样式，就称为对该信号和给定的这种接收方式的最佳干扰样式。

实际中，目标信号的信号形式可通过截获目标信号获得，但其接收方式较难确定，因为信号的接收方式不是唯一的。对于某种信号的某一种接收方式的最佳干扰，可能由于受扰方采用针对这种干扰样式而设计的另一种接收方式，从而使得这种干扰样式的干扰无法奏效。对于任何最佳干扰，都不能排除受扰方可能采用针对这种干扰的抗干扰接收，而使得实际上的干扰并不是最佳干扰，由此引出绝对最佳干扰样式的概念。所谓绝对最佳干扰样式是指对于已知的某种信号形式的所有可能的接收方式，都有比较小的压制系数的干扰，称这种干扰样式为对这种已知信号的绝对最佳干扰。

例如，假设接收机对某种信号有 5 种不同的接收方式，干扰方针对该信号有 4 种不同的干扰样式可供选择，各种干扰样式对不同接收方式的压制系数见表 3.1。表中，针对这种信号的第一种接收方式，干扰样式三的压制系数最小为 0.2，故干扰样式三是 4 种干扰样式中针对接收方式一的最佳干扰；但如果接收方采用接收方式二，则干扰样式三就不是最佳的了，从表中可知，针对接收方式二，4 种干扰样式中干扰样式四具有最小的压制系数为 0.3，所以，针对这种信号接收方式二的最佳干扰是干扰样式四。可见，最佳干扰一定是针对某种信号的某一特定接收方式而言的，当信号形式不同或者接收方式改变时，最佳干扰样式可能都不一样。

表 3.1　针对某信号各种干扰样式对不同接收方式的压制系数

压制系数	干扰样式一	干扰样式二	干扰样式三	干扰样式四
接收方式一	1.8	0.3	0.2	1.1
接收方式二	2.6	0.5	2.1	0.3
接收方式三	0.5	0.25	0.8	2.5

续表 3.1

压制系数	干扰样式一	干扰样式二	干扰样式三	干扰样式四
接收方式四	3	0.6	1.3	0.42
接收方式五	0.65	0.4	2.5	1.8

从接收机性能来看，不同干扰样式对不同接收方式的压制系数各不相同，说明采取不同的接收方式时，接收机对不同干扰样式的抗干扰能力各不相同。就干扰样式三而言，当采用接收方式五时，压制系数最大，故在 5 种接收方式中接收方式五对干扰样式三具有最强的抗干扰能力。当被干扰的目标具有多种接收方式或者干扰方不能获取目标接收方式等信息时，从对所有的接收方式都有较好的干扰效果出发，应选择绝对最佳干扰样式。虽然就每一种接收方式而言干扰样式二不如其他干扰，但对所有 5 种接收方式而言干扰样式二都有相对较小的压制系数，所以说干扰样式二是针对该信号的 5 种接收方式的绝对最佳干扰。

可见，绝对最佳干扰是在信号形式一定的情况下，针对多种接收方式的干扰样式，它是对可能存在的各种接收方式都具有较好干扰效果的干扰。而最佳干扰则是针对某一种接收方式而言的，对这种接收方式最佳干扰具有最好的干扰效果。

②干扰基带信号的选取。

常见的基带信号有单音、噪声、话音、音乐、脉冲、点符号、随机码、人工按键、莫尔斯电码等。用来干扰的基带信号当然也应该满足干扰信号的特性要求，从频域特性的要求看，干扰基带信号的频率成分应该尽可能丰富；从时域特性的要求看，干扰基带信号应该具有随机性。因此，单音、双音、点符号等作为基带信号都不理想，而噪声具有很强的随机性，而且噪声对语音的掩蔽效应要比纯音对语音的掩蔽效应好。因此，在选择干扰样式时，针对模拟通信，常常采用随机噪声作为干扰基带信号，对于数字通信，通常选择"1""0"随机出现的数字脉冲序列作为干扰基带信号。

③干扰调制方式的选取。

对于某一个被干扰目标，采取不同调制方式的干扰时，干扰经过接收机解调器的输出结果不同，不同调制方式的干扰信号带宽不同，而且通过接收通道时的滤波情况也不同，因此，在相同的输入信干比条件下，不同调制方式的干扰效果可能不同，应该选择合适的干扰调制方式，以获取最佳干扰效果。可见，在满足干扰有效的基本条件下，如果干扰方能够从干扰信号的频域、时域、能量域以及调制域等方面合理选择干扰信号，将进一步提高干扰效率，从而在相同的条件下达到更好的干扰效果。

3.2.2 瞄准式干扰方式

1. 瞄准式干扰的定义及特点

瞄准式干扰是瞄准敌方通信系统、通信设备的通信信号频谱（或信道频率）施放的一种窄带通信干扰。

自通信对抗出现以来，瞄准式干扰一直是对抗方采取的主要干扰方式，具有多方面的优点，最突出的优点就是瞄准式干扰的频谱集中作用于所瞄准的信道上，针对性强，干扰功率利用率高，容易达到预期的干扰目的；其次，由于瞄准式干扰的目标是特定的通信信道，因此，可以通过选择不同的干扰样式对被干扰目标电台实施最佳干扰。我们知道，通信信号的种类、接收方式是多种多样的，干扰方可以通过侦察获取被干扰目标通信信道的信号种类、接收方式以及其他情报，从而针对被干扰目标信号选择相应的干扰样式进行干扰，这时，目标接收机很难抑制这种干扰，干扰容易奏效；再次，由于瞄准式干扰只作用于被干扰目标电台特定的通信信道，因此不会影响到其他信道的通信。

正因为瞄准式干扰具有针对性强、频谱集中等优点，相应地引出了它的一些缺点。首先，瞄准式干扰机需要引导接收机进行干扰引导，有时还需要ESM的支援以选择合适的干扰样式；其次，瞄准式干扰需要实施频率瞄准，操作人员必须实时调整干扰机的参数，以保证干扰信号与被干扰目标信号的频谱（或频率）重合，并且为了保证干扰的时效性，要求干扰机具有快速调谐能力，这就增加了干扰设备的复杂性；此外，在一段时间内，瞄准式干扰只能应用于干扰一个或少量通信信道的场合，这就限制了干扰机的使用范围，从而造成干扰资源的浪费。

2. 瞄准式干扰的工作原理

根据瞄准式干扰的特点，可以认为对瞄准式干扰机一般应有如下要求：

（1）具有迅速截获、分选、识别信号的能力，从而在尽可能短的时间内（通常小于信号持续时间的一半）确定被干扰的目标信号及参数。

（2）具有快速引导干扰的能力，包括选择对目标信号的最佳干扰样式及参数，以尽可能地提高干扰效率、估算干扰功率，保证干扰有效，实施频率瞄准，使干扰信号尽可能地对准被干扰的目标信号。

（3）干扰实施过程中，应能随时监视被干扰目标的变化情况，及时地调整、修正干扰样式及参数，提高发射干扰的有效性。一方面，由于频率源不稳定性等因素的影响，在通信的过程中可能会产生频率偏移。瞄准式干扰应该通过观察被干扰目标信号的频率来发现信号的频率偏移，及时地使干扰频率对这个信号的频移进行跟踪瞄准，以保证干扰频率始终与信号的频率相重合。另一方面，在干扰实施过程中，干扰方一般是不能确定施放干扰的效果的。但是，如果干扰是有效的，则会迫使通信电台改变工作频率或增大通信发射功率。所以，实施干扰后，干扰是否成功所依据的明显标志就是目标通信链路改频工作或者增大发信功率。如果通过干扰方观察发现了目标频率的变化，它就得到一个重要的信息：施放的瞄准干扰可能已经破坏了敌方的正常通信。这时，干扰机也要相应地改变干扰频率，从而保持对目标信号实施瞄准式干扰。若几经观察目标信号频率没有变化，则要考虑发射的干扰是否是有效的，可试着改变干扰机的状态以进一步观察其干扰的作用。应当注意的是，通信方也可能会故意改频或保持现状以迷惑干扰方。由此可见，干扰过程中对被干扰目标信号的观察是非常重要的。瞄准式干扰机一旦开始工作，就必须监视被干扰目标信号的频率，以便在干扰实施过程中维持频率瞄准的状态，获得最佳的干扰效果。

瞄准式干扰机一般由收发天线及收发控制开关、引导接收机、干扰激励器、干扰发射通道以及整机控制和监视五大部分组成。

图3.1所示为瞄准式干扰机的原理框图。

收发控制开关根据控制指令完成引导接收和干扰发射之间的周期转换。当收发控制开关置于引导接收状态时，引导接收机根据整机控制下达的指令要求接收被干扰目标信号，并获取信号的载频、调制方式、带宽、电平等参数，同时完成对目标信号的监视。

当收发控制开关置于干扰发射状态时，干扰激励器根据引导参数，选取最

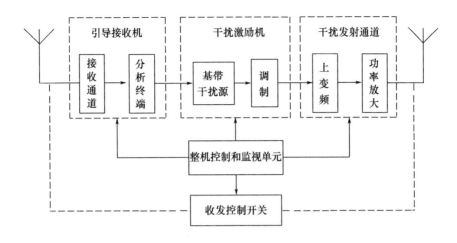

图 3.1 瞄准式干扰机的原理框图

佳的基带干扰信号和调制方式,产生最佳样式的干扰激励信号;该激励信号送至干扰发射通道,完成干扰载频与目标信号载频重合,并由功率放大器放大到足够大的功率;最后,由干扰天线发射出去,对目标信号实施瞄准式干扰,由于瞄准式干扰必须首先确定被干扰目标信号及其参数,因此,除了借助电子支援措施的帮助,瞄准式干扰机本身也要具备搜索截获信号及对信号的分析、处理能力,以便为干扰提供被干扰目标信号频率、干扰样式及参数、干扰功率。引导接收机就是完成上述任务的,引导接收机的组成与侦察接收设备基本相同,或者就是一个独立的侦察接收设备,该设备除完成侦察引导的功能外,另一个重要功能就是要在干扰实施过程中对目标信号进行实时监视,一旦发现目标信号在受到干扰后停止通信,或改频到另外信道上通信,或增大通信发射功率等情况时,应该及时地停止干扰,或改频到相应信道上再重新干扰,或增大干扰发射功率后继续干扰。总之,干扰的实施应随着被干扰目标信号的变化而及时调整,从而尽可能地提高干扰效率。

由于瞄准式干扰的针对性很强,因此,瞄准式干扰可以根据被干扰目标信道的信号形式选择对这种信号的最佳或绝对最佳干扰。干扰激励器可以提供多种不同的基带干扰信号及多种调制方式,产生多种样式的干扰信号。

干扰激励器形成的干扰激励信号被送至干扰发射通道进行频率搬移和功率放大,经过滤波得到所需要的频率和带宽,并尽可能地滤除功率放大器输出的无用谐波、杂散输出分量，形成满足频率、功率指标要求的射频干扰信号。干扰发射通道应具有快速瞄准、跟踪及改频工作的能力，以适应瞄准式干扰机快速反应的要求。

瞄准式干扰设备中，天线单元除了发射天线外，还包括引导接收机的接收天线及实现间断观察的收发控制开关。收发控制开关在控制设备的作用下，按照设置的间断占空比等参数周期性地接通引导接收天线和干扰发射天线。整机控制和监视单元完成对整个干扰设备的统一控制和被干扰目标通信状态的显示监控，包括收发转换的控制、干扰目标及参数的选择与控制、干扰效果的监视与控制以及各单元之间的协调控制等。

3. 实施瞄准式干扰的基本步骤

（1）根据被干扰目标信号的技术参数，选择合适的干扰方式、干扰样式及参数。

（2）根据被干扰目标电台的位置，估算干扰所需要的干扰发射功率。

（3）由干扰激励器产生满足要求的干扰信号，经干扰发射通道进行频率瞄准、功率放大等处理后，对准欲干扰目标电台方向发射出去。

（4）在干扰过程中不断检验干扰效果，因此在干扰系统中必须配备监视检验系统，如果被干扰信号的频率及信号参数改变，就由控制系统改变干扰的频率，调整调制参数，使其保持在干扰效果最佳的参数上。

4. 瞄准式干扰机的其他技术指标

瞄准式干扰机除了具有干扰设备的主要技术指标外，还有一些其他技术指标。

（1）频率瞄准误差。

频率瞄准误差是指在施放瞄准式干扰时，干扰信号载频与被干扰目标信号载频之间的差值，也称为频率重合度。对干扰与信号的频率重合度的要求，总是希望越高越好，但频率瞄准误差越小，用于频率瞄准的时间也越多，干扰的时效性会变差。通常，要求干扰的频率瞄准误差能满足最佳干扰参数的要求即可。

（2）瞄准干扰方式。

瞄准干扰方式是指瞄准式干扰机实施干扰的方式，如干扰频率预先设定的点频式干扰，或者随着引导接收机边搜索、边干扰的扫频搜索式干扰和跟踪瞄准式干扰等。实际中，通常每部干扰机都具有多种干扰方式供选择、使用。

（3）干扰反应时间。

瞄准式干扰机的干扰反应时间是从瞄准式干扰中的引导接收机截获到目标信号开始到干扰机发射出干扰所需要的时间。显然，干扰反应时间越短，干扰机的时效性越好。影响干扰反应时间大小的因素有很多，主要的影响因素有引导接收机的信号处理时间、干扰机的频率瞄准时间等。

（4）收发控制方式和间断占空比。

收发控制方式是指完成收发转换的工作方式，间断占空比是间断观察接收时间与一次收发转换周期的比值。

此外，对于不同类型的瞄准式干扰机还有其他指标，如搜索方式、搜索速度、触发电平、保护信道和优先等级的预置、跟踪反应时间等。

3.3 干扰发射功率估算

干扰是否奏效的决定性因素是被干扰目标接收机输出干扰功率的大小，接收机的输出干扰功率与落入接收机的输入干扰功率有关，而落入接收机的输入干扰功率不仅与干扰发射机发射出的干扰功率有关，还与干扰机的配置、发射接收天线的增益及干扰电波的传播方式等因素有关。

本节将通过建立干扰机与其作用目标通信链路之间相互关系的方程，讨论在干扰有效时，干扰机所需发射的干扰功率与干扰机的配置、发射接收天线的增益以及干扰电波的传播方式等因素之间的关系。

3.3.1 通信干扰方程

通信干扰方程就是反映目标接收机处信干功率比与通信被压制的压制系数之间关系的方程。通信发射机、通信接收机和干扰机之间的位置关系示意图如图 3.2 所示，下面首先推出进入目标接收机的信号功率 P_s 和干扰功率 P_j，然后建立干扰方程。假设通信发射机输出的信号功率为 P_{TS}，干扰发射机输出的信号功率为 P_{Tj}，通信电波传播路径上的路径损耗为 L_S，通信收发设备之间的距离简称通信距离，用 r_s 表示，干扰电波传播路径上的路径损耗为 L_j，干扰机到通信接收机之间的距离简称干扰距离,用 r_j 表示。

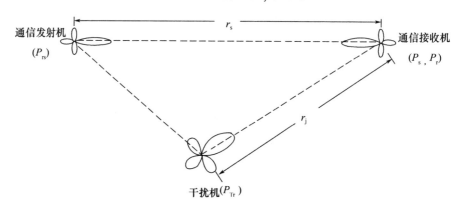

图 3.2 通信发射机、通信接收机、干扰机之间的位置关系示意图

假设通信接收机对于通信发射机而言是最佳接收,因此进入目标接收机的信号功率 P_s 主要与通信传输路径上的损耗以及通信发射机和通信接收机的天线增益有关,则进入目标接收机的信号功率 P_s 为

$$P_s = \frac{P_{TS} G_{TS} G_{RS}}{L_s} \tag{3.6}$$

若改用分贝值计算,则上式可表示为

$$P_s(\text{dB}) = P_{TS}(\text{dB}) + G_{TS}(\text{dB}) + G_{RS}(\text{dB}) - L_s(\text{dB}) \tag{3.7}$$

式中,G_{TS} 为通信发射机到接收机方向的天线增益;G_{RS} 为接收机到通信发射机方向的天线增益。

与进入目标接收机的信号功率 P_s 不同,进入目标接收机通带内的干扰功率 P_j,除了与干扰传输路径上的损耗以及干扰机、通信接收机的天线增益有关外,还有可能存在其他损耗,这其中主要来自滤波损耗、极化损耗两方面的影响。因此,进入接收机通带内的干扰功率 P_j 为

$$P_j = \frac{P_{Tj} G_{Tj} G_{Rj}}{L_j} F_b p \tag{3.8}$$

若改用分贝值计算,则

$$P_j(\text{dB}) = P_{Tj}(\text{dB}) + G_{Tj}(\text{dB}) + G_{Rj}(\text{dB}) - L_j(\text{dB}) + F_b(\text{dB}) + p(\text{dB}) \tag{3.9}$$

式中，G_{Tj} 为干扰机到通信接收机方向的天线增益；G_{Rj} 为通信接收机到干扰机方向的天线增益；F_b 为滤波损耗；p 为极化损耗。

滤波损耗是由于通信接收机的带通滤波引起的。当干扰信号带宽大于接收机带宽或者干扰频率偏离信号频率时，由于通信接收机将抑制通带以外的干扰，落入接收机通带以内的干扰功率会降低，这样，一部分干扰功率浪费掉了。因此，滤波损耗 F_b 定义为进入目标接收机通带内的干扰功率与到达目标接收机处的干扰总功率之比，即

$$F_b = \frac{\text{进入目标接收机通带内的干扰功率}}{\text{到达目标接收机处的干扰总功率}} \qquad (3.10)$$

滤波损耗反映了进入目标接收机通带内的干扰功率占接收端干扰总功率份额的多少。当全部干扰功率都进入目标接收机时，滤波损耗 $F_b = 1$。

干扰功率减弱的第二个因素是可能存在的极化损耗，这是由于干扰机可能不是以合适的极化电波发射干扰信号造成的。这一相对的极化损耗可以用系数 p 来表示，p 的取值范围为 $[0, 1]$。

进入目标接收机通带内的干扰功率与信号功率之比即为信干比，用公式表示为

$$\frac{P_j}{P_s} = \frac{P_{Tj} G_{Tj} G_{Rj}}{P_{TS} G_{TS} G_{RS}} \frac{L_s}{L_j} F_b p \qquad (3.11)$$

由压制系数 k_y 的定义可知，当干扰有效时，进入目标接收机的信干比应满足

$$\frac{P_j}{P_s} \geq k_y \qquad (3.12)$$

此时，干扰能有效压制目标信号的通信，即

$$\frac{P_j}{P_s} = \frac{P_{Tj} G_{Tj} G_{Rj}}{P_{TS} G_{TS} G_{RS}} \frac{L_s}{L_j} F_b p \geq k_y \qquad (3.13)$$

式（3.13）称为通信干扰方程。通信干扰方程反映了通信收发设备和干扰发射设备之间的空间能量关系。实际战术应用中，干扰机只能配置在战术上允许的那些区域内。当通信发射机、通信接收机和干扰机战术配置一定时，干扰机的发射功率以及干扰电波的传播方式对干扰效果有很大影响，通过估算电波传播损耗，由通信干扰方程可以求得压制某通信目标所需要的最小干扰发射功率。

在满足最小干扰发射功率要求的前提下,干扰发射机的辐射功率越大,干扰效果就越好;当干扰机的辐射功率一定时,由干扰方程可以求得压制某通信目标所允许的最大干扰距离,从而在战术上所允许的区域内更合理地配置干扰机。在满足最大干扰距离要求的前提下,干扰距离越近,干扰效果越好。

3.3.2 干扰发射功率估算

干扰方针对被干扰的目标通信系统及其威胁等级,确定干扰的压制系数,然后,利用通信干扰方程,就可进行干扰发射功率或干扰距离的估算,其中,最困难的就是路径损耗的估算。

1. 电波传播路径损耗的估算

通信干扰方程中,最关键也最困难的是对电波传播路径损耗的估算。无线电波经过不同的传播路径时,传播媒质不同,传播方式不同,产生的路径损耗也不同。为参考方便,下面首先给出理想的自由空间电波传播的路径损耗,然后给出实际传播路径上路径损耗的估算方法,详细的理论分析和推导参见相关文献。

(1) 自由空间传播路径损耗的估算。

所谓自由空间,严格来说应指真空,但通常是指充满均匀、无耗媒质的无限大空间。该空间具有各向同性、电导率为零、相对介电系数和磁导率都恒为 1 的特点。所以,自由空间是一种理想情况。设一点源天线(即无方向性天线)置于自由空间中,若天线辐射功率为 P_r(W),均匀地分布在以点源天线为中心的球面上。则离开天线 r 处的电场强度 $\boldsymbol{E}_0$ 的大小为

$$E_0 = \frac{\sqrt{30 P_r(\mathrm{W})}}{r(\mathrm{m})} \quad (\mathrm{V/m}) \qquad (3.14)$$

或

$$E_0 = \frac{173\sqrt{P_r(\mathrm{kW})}}{r(\mathrm{km})} \quad (\mathrm{mV/m}) \qquad (3.15)$$

考虑到天线的方向性,即发射天线的方向增益为 G_T,若发射天线的输入功率为 P_T,则

$$E_0 = \frac{173\sqrt{P_T(\mathrm{kW}) G_T}}{r(\mathrm{km})} \quad (\mathrm{mV/m}) \qquad (3.16)$$

上述各式中的电场强度值均为有效值。

在干扰分析中,我们更多关心的是接收设备的输入功率。由天线理论知,接收天线接收 P_R 为

$$P_R = \left(\frac{\lambda}{4\pi r}\right)^2 P_T G_T G_R \tag{3.17}$$

P_R 也就是当天线与接收机匹配时送至接收机的输入功率。一般用传输路径损耗来表示电波通过传输媒质时功率的损耗情况,电波传播路径损耗的定义是:当发射天线与接收天线的方向增益都为 1 时,发射天线的输入功率 P_T 与接收天线的输出功率 P_R 之比,记为 1,则

$$L = \frac{P_T}{P_R}\bigg|_{G_T=1, G_R=1} \tag{3.18}$$

将式(3.17)代入式(3.18)中,得到自由空间电波传播的路径损耗,记为 L_f。

$$L_f = \frac{P_T}{P_R} = \left(\frac{4\pi r}{\lambda}\right)^2 \tag{3.19}$$

通常,L_f 用分贝(dB)表示:

$$L_f(\text{dB}) = 20\lg\frac{4\pi r}{\lambda} = 32.45(\text{dB}) + 20\lg f(\text{MHz}) + 20\lg r(\text{km}) \tag{3.20}$$

式(3.19)、式(3.20)表示任一传输路径上,无方向性发射天线的输入功率与无方向性接收天线输出功率之比,说明路径损耗 L 与天线增益无关。

自由空间是一种理想介质,它是不会吸收电磁能量的。自由空间的路径损耗,是指电磁波在传播过程中,随着传播距离的增大,发射天线的辐射功率分布在半径更大的球面上,从而导致能量的自然扩散,反映了球面波的扩散损耗。从式(3.20)可见,自由空间的路径损耗 L_f 只与频率 f 和传播距离 r 有关,当电波频率提高 1 倍或传播距离增加 1 倍时,自由空间的路径损耗分别增加 6 dB。

(2)实际空间传播路径损耗的估算。

实际中,电波总是在有能量损耗的媒质中传播的。这种能量损耗可能是由大气对电波的吸收式散射引起的,也可能是由电波绕过球形地面或障碍物的绕

射而引起的。这些损耗都会使接收点场强小于自由空间传播时的场强。在传播距离、工作频率、发射天线和发射功率相同的情况下，接收点的实际场强 E 的绝对值和自由空间场强 E_0 的绝对值之比，定义为该传播路径的衰减因子 W，即

$$W = \frac{|E|}{|E_0|} \qquad (3.21)$$

用分贝（dB）表示为

$$W(\mathrm{dB}) = 20\lg\frac{|E|}{|E_0|} \qquad (3.22)$$

则实际传播路径上接收点的场强 E 的大小和功率 P_R 分别为

$$E = E_0 W = \frac{\sqrt{30P_\mathrm{T}(\mathrm{W})G_\mathrm{T}}}{r(\mathrm{m})}W \qquad (\mathrm{V/m}) \qquad (3.23)$$

$$P_\mathrm{R} = \left(\frac{\lambda}{4\pi r}\right)^2 W^2 P_\mathrm{T} G_\mathrm{T} G_\mathrm{R} \qquad (3.24)$$

一般情况下，有 $|E| < |E_0|$，故 $W<1$，分贝值为负数。

由路径损耗的定义式（3.19）得到实际空间电波传播的路径损耗为

$$L = \left.\frac{P_\mathrm{T}}{P_\mathrm{R}}\right|_{G_\mathrm{T}=1,G_\mathrm{R}=1} = \left(\frac{4\pi r}{\lambda}\right)^2 \frac{1}{W^2} = \frac{L_\mathrm{f}}{W^2} \qquad (3.25)$$

用分贝（dB）表示为

$$L(\mathrm{dB}) = 20\lg\frac{4\pi r}{\lambda} - W(\mathrm{dB}) = L_\mathrm{f} - W(\mathrm{dB}) \qquad (3.26)$$

因为衰减因子 W 总是小于1，即媒质对电波能量的吸收作用使得传输损耗增加。由式（3.25）可见，任一传输路径的路径损耗可由自由空间的路径损耗加上该路径上的衰减因子得到。

（3）短波频段电波传播模式及路径损耗估算。

不同的电波传播模式，路径损耗的估算方法不同。而电波传播模式又与电波工作频率、电波传播路径的地形、环境、媒质以及发射、接收天线的高度等因素有关，在天波传播时，还与电离层的状态有关。

短波 HF（3~30 MHz）频段的电波传播模式主要以地面波和天波两种方式为主。地面波传播是电波沿地球表面传播的方式，又称为表面波传播。天波传播是指电波由发射天线向高空辐射，经电离层反射而折回地面后到达接收点的

传播方式，又称为空间波传播。

2. 地面波传播

地面波传播方式要求天线的最大辐射方向沿着地面，采用垂直极化方式。实际中，当天线低架于地面（天线的架设高度比波长小得多）时，其最大辐射方向沿地球表面，这时电波主要是地面波传播方式，地面波传播示意图如图 3.3 所示。地面波传播方式的主要特点是信号稳定，且基本不受气象条件、昼夜及季节变化等因素的影响，传播特性主要决定于大地的电特性，在传播路径无障碍物的条件下，不存在多径效应。但随着电波频率的增高，传播路径损耗迅速加大。这是因为地球表面呈现球形，使颠簸传播的路径按绕射的方式进行，只有当波长超过障碍物高度或与其相当时，才具有绕射作用。在实际情况中，只有长波、中波以及短波频率低端能够绕射到地表面较远的地方，短波高端频率以上的波段，由于波长小于障碍物高度，绕射能力很弱。因此，这种传播方式特别适宜于长波及超长波的传播。此外，随着发射机与接收机距离的增大，电波的衰减也大大增加，一般可保证几十千米以内近距离通信的要求，广泛应用于军用近距离通信。根据地面波场强的计算方法，当通信距离较近时，即 $r \leqslant \dfrac{80}{\sqrt[3]{f(\text{MHz})}}$ km 可视为平面地波的传播，不考虑地球曲率的影响，并假设地面是均匀光滑的（实际地面由于地形、地貌的起伏及介质的变化，如海、陆的变化，并不是均匀光滑的），且地面波传播通常采用垂直极化波（电波沿一般地质传播时，水平极化波比垂直极化波的传播损耗要高数十分贝），则接收点的场强大小为

$$E = E_0 W_d = \frac{173\sqrt{P_T(\text{kW})G_T}}{r(\text{km})} W_d \quad (\text{mV/m}) \qquad (3.27)$$

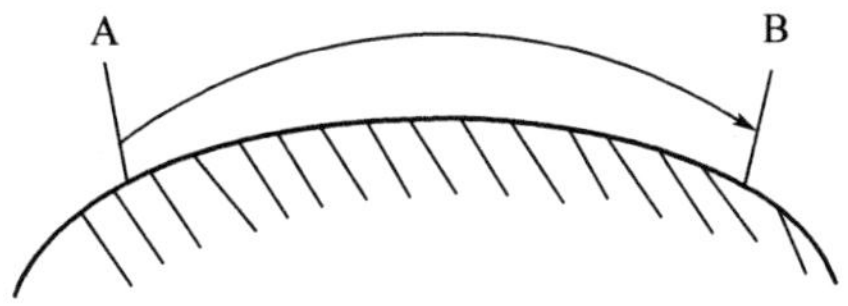

图 3.3 地面波传播示意图

式中，W_d 表示了地面的吸收作用，故又称为地面衰减因子，与地面电特性有关。地面衰减因子 W_d 的计算比较麻烦，在工程上通常从贝鲁兹图表查得，其定量分析计算可以参见电波传播相关文献，这里不再复述。下面主要通过定性分析的方法讨论地面波传播的特点及损耗的估算。地面衰减因子（即传播损耗）与地面的电特性密切相关，引入与地面电特性有关的辅助参量 ρ，ρ 称为数值距离，无量纲，ρ 值与地面电导率 σ'、地面相对介电常数 ε_r 的关系由下式决定：

$$\rho = \frac{\pi r}{\lambda} \frac{\sqrt{(\varepsilon_r - 1)^2 + (60\lambda\sigma)^2}}{\varepsilon_r^2 + (60\lambda\sigma)^2} \tag{3.28}$$

式中，λ 为波长，m；r 为传播距离，m；σ 为地面电导率，S/m，ε_r 为地面相对介电常数，不同地面媒质的电参数不同。

如果没有贝鲁兹图表，随地面电特性的关系可近似用贝鲁兹公式来近似估算：

$$W_d = \frac{2 + 0.3\rho}{2 + \rho + 0.6\rho^2} \tag{3.29}$$

3. 滤波损耗和极化损耗的估算

滤波损耗 F_b 是指进入目标接收机的干扰功率与到达目标接收机处的干扰功率之比，通常，进入目标接收机的干扰功率与接收机带宽有关，假设干扰信号频谱是均匀分布的，应用中滤波损耗常按下式近似计算：

$$F_b = \frac{B_R}{B_j} \tag{3.30}$$

式中，B_R 为目标接收机带宽（或目标信号频谱宽度）；B_j 为干扰信号频谱宽度。如果接收机带宽大于干扰信号带宽，则取 $F_b = 1$，因为这时所有的干扰功率都落入了接收机通带内。通常接收机带宽都小于等于干扰信号带宽，因此，$F_b \leq 1$。

（1）瞄准式干扰滤波损耗。

由于瞄准式干扰是针对特定通信信道的同频干扰，是将干扰信号频谱瞄准敌信号频谱施放的一种窄带干扰，因此滤波损耗的大小与干扰与信号频谱重合程度有关。当频率重合度很高时，干扰信号功率能够绝大部分落入接收机通带内，因此，$F_b \approx 1$。

(2) 拦阻式干扰滤波损耗。

由于拦阻式干扰是同时对工作频段内的多个通信信道实施的一种宽带干扰，其功率分布在整个拦阻工作频段上，实际落入到目标接收机上的功率比拦阻式干扰的功率小很多，因此，实施拦阻式干扰存在非常大的滤波损耗，而且采用连续拦阻式干扰和梳状拦阻式干扰的滤波损耗也是不同的。

① 连续拦阻式干扰。

对于拦阻带宽内的每一部目标接收机，连续拦阻式干扰的滤波损耗等于目标接收机的带宽 B_R 与拦阻带宽 B_j 之比，拦阻带宽 $B_j = f_{max} - f_{min}$，f_{max} 为拦阻带宽的最高频率，f_{min} 为拦阻带宽的最低频率，则

$$F_b = \frac{B_R}{B_j} = \frac{B_R}{f_{max} - f_{min}} \tag{3.31}$$

② 梳状拦阻式干扰。

对于梳状拦阻式干扰，只有当被干扰目标信号落入梳齿上时才为有效干扰。假设梳状拦阻式干扰频谱上一个梳齿的能量全部击中了被干扰目标信号，即全部落入被干扰目标接收机的带宽内，此时干扰的滤波损耗应为拦阻带宽内梳齿数目的倒数，即

$$F_b = \frac{1}{\frac{B_j}{F}+1} \approx \frac{F}{B_j} \tag{3.32}$$

式中，F_b 为梳状拦阻式干扰中锯齿波频率，也称为扫频速率；B_j 为阻拦宽带。

(3) 极化损耗。

极化损耗是由于干扰机不是以合适的极化电波发射干扰信号造成的。然而，电波的极化方式是很难确定的，因此，p 值也是很难确定的，在干扰功率概算时一般可把它作为设计容量考虑。

4. 干扰发射功率的估算

当干扰发射机与被干扰目标之间的距离一定时，就需要估算压制该通信目标所需要的最小干扰发射功率。由通信干扰方程可以得到

$$P_{\text{Tj}} \geq P_{\text{Ts}} \frac{G_{\text{Ts}} G_{\text{Rs}} L_j}{G_{\text{Tj}} G_{\text{Rj}} L_s} \frac{k_y}{F_b p} \tag{3.33}$$

根据干扰方程进行干扰功率估算时,最困难的是路径损耗差的估算,若通信电波和干扰电波均采用自由空间传播模式,根据式(3.19)分别计算通信电波和干扰电波的路径损耗,代入式(3.33)就可进行干扰功率估算了。

3.3.3 干扰功率合成技术

通信干扰发展至今,一直是以大功率压制式干扰为主要发展方向,干扰功率的大小是干扰机的主要性能指标,应该越大越好。然而,干扰机射频干扰仅通过传统的单路发射管功率放大很难获得满意的干扰功率,尤其是宽带拦阻式干扰,需要干扰机能提供宽频带的极大发射功率,当需要的发射功率超过单个电子器件所能输出的功率时,就需要采用功率合成技术。功率合成就是将 N 个较小的功率叠加起来,组合形成更大的输出功率。按照功率合成的位置分为设备内功率合成和空间功率合成,其中,设备内功率合成以固态功率合成为主。

固态功率合成技术是将多个功率放大器的输出通过一些混合网络在设备内直接合成来增加输出功率的一种功率合成技术,如魔 T 网络、90°混合接头等,是当前通信对抗领域获得射频干扰功率的主要手段,但该技术受到设备通道的承受功率和数量的限制,存在合成效率较低的问题,限制了干扰机的发射功率。

空间功率合成技术是 20 世纪 80 年代发展起来的一种功率合成技术。该技术采用多个有源天线构成的天线阵列,依靠对各个天线辐射场的相位相干控制,从而在指定空间方向上获得极大的等效合成功率的一种功率合成技术。空间功率合成技术具有很高的合成效率,理论上所能获得的合成功率近于无限,是获取极大干扰发射功率的有效途径。但该技术所需设备量大,成本高,电路实现上也有一定难度。

1. 固态功率合成技术

(1) 基本原理。

常用的一种功率合成器的组成方框图如图 3.4 所示。

图(3.4)中,除了信号源和负载外,每一个基本单元中还采用了两种基本器件:一种是用三角形代表的功率放大器,是有源器件;另一种是用菱形代

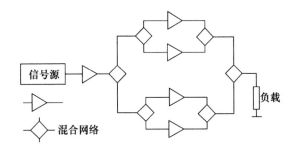

图 3.4　常用的一种功率合成器的组成方框图

表的功率合成和分配网络,是无源器件;多个这样的基本单元经过多级组合就可以得到所需要的大功率。图 3.5 所示是一种实用的 35 W 功率合成器方框图,由多个 11 W 的功率放大器分别经过两级功率合成和分配混合网络得到了 35 W 的输出功率,将两组 35 W 的混合网络组合就获得 70 W 的输出功率,依此类推,可以获得更高的功率输出。可见,功率合成器的关键部分是功率合成和分配混合网络。那么,应该采用什么样的网络呢?

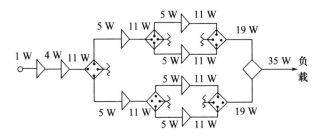

图 3.5　一种实用的 35 W 功率合成器方框图

一个理想的功率合成器应该满足的条件。

①功率相加条件。

如果每个功率放大器的类型相同、输出幅度相等、供给匹配负载的额定功率均为 P_1,那么,N 个功率放大器输出至负载上的总功率应为 $P_\Sigma = NP_1$。

②相互隔离条件。

合成器的各单元放大电路彼此隔离,其中任何一个功率放大器损坏或出现故障时,不影响其他放大器的正常工作。

③功率相减条件。

当一个或数个功率放大器损坏时，要求负载上的功率下降尽可能小。在理想情况下，减少值等于损坏的功率放大器的数目 M 与额定功率 P_1 的乘积 MP_1。

④满足宽频带的工作要求。

在一定通带范围内，功率输出要平稳，幅度及相位变化不能太大，同时保证阻抗匹配要求。

（2）魔 T 混合网络。

要想满足功率合成器的上述条件，关键在于选择合适的功率合成和分配混合网络。图 3.6 所示的魔 T 混合网络可以实现功率合成和功率分配的功能，并满足以上条件。魔 T 混合网络是一种四端口网络，4 个端口分别为 A、B、Σ、Δ，当 A、B 两端输入等值、同相功率时，在Σ端负载上可获得两输入功率的合成功率，而Δ端无输出，因此，Σ端为同相功率合成端，也称为"和"端；当 A、B 两端输入等值、反相功率时，则在Δ端负载上获得两输入功率的合成功率，而Σ端无输出，因此，Δ端为反相功率合成端，也称为"差"端；当和、差两端负载 R_Σ、R_Δ 之间满足特定关系时，A、B 两输入端彼此隔离。即任一端功率放大器的工作状态变化或损坏时，不会影响另一端功率放大器的工作状态和输出功率；当 $R_A = R_B$ 时，加在Σ端功率放大器的输出功率被同相等分到 A、B 两端的负载上，且Δ端无输出；如果功率放大器的输出功率从Δ端加入，其功率被反相等分到 A、B 两端的负载 R_A、R_B 上，且Σ端无输出。可见，魔 T 混合网络具有功率合成和功率分配的功能，并具有匹配、无损耗、隔离和电路简单等特点。

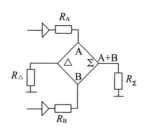

图 3.6 魔 T 混合网络示意图

（3）传输线变压器混合网络。

采用传输线变压器构成的魔 T 网络不仅具有魔 T 网络的功能和特点，而且具有频带宽、插入损耗小等优点，特别适用于宽带功率放大的场合。图3.7所示为传输线变压器混合网络示意图。它是利用传输线变压器组成的功率合成或分配网络的，它既可以实现功率合成，又可实现功率分配。该网络的特点如下：

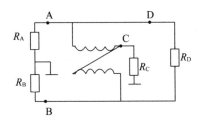

图 3.7　传输线变压器混合网络示意图

① A 端与 B 端和 C 端与 D 端彼此隔离的条件是

$$R_A = R_B = 2R_C = \frac{R_D}{2} = R$$

② 若从 A 端与 B 端同时送入反相激励电压，则 D 端得合成功率，C 端无输出；若从 A 端与 B 端同时送入同相激励电压，则 C 端得合成功率，D 端无输出，起到了功率合成网络的作用。

在以上两种情况中，若 A 端（或 B 端）激励损坏，只有 B 端（或 A 端）有激励时，功率均分到 C 端与 D 端，对 A 端（或 B 端）无影响。

③ 若从 C 端送入激励电压，则该激励功率被均分到 A 端与 B 端，且相位相同，D 端无输出；若从 D 端送入激励电压，则该激励功率被均分到 A 端与 B 端，且相位相反，C 端无输出，起到了功率分配网络的作用。

混合网络与放大器按照图 3.4 结合起来，就可以构成反相（推挽）功率合成器或同相（并联）功率合成器。显然，采用传输线变压器组成的功率合成电路较好地解决了高效率、大功率与宽频带等一系列问题，从而获得了广泛应用。

2. 空间功率合成技术

（1）基本原理。

空间功率合成技术就是采用控制天线阵各单元辐射信号相位的方法，使空间某方向上接收到的信号场强约等于各单元天线辐射场强同相叠加的一种技术。

空间功率合成的设备由干扰激励源、分路器、相位控制器、N个移相器、N个功率放大器和N个单元天线构成的天线阵等组成,其原理方框图如图3.8所示。其基本原理是:由天线阵的N个单元天线同时向空中辐射频率相同的电磁波,通过相位控制器调整馈入N个单元天线信号的相位,使得N个信号到达目标接收点时相位一致,从而使该点的N个信号场强同相叠加,实现空间功率合成。

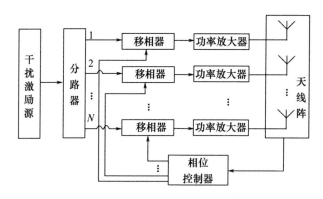

图3.8 空间功率合成设备的原理方框图

图3.8中,干扰激励源在控制器的控制下提供所需的干扰激励信号,由分路器将激励信号分为N路,并分别至送各路移相器。移相器在相位控制器的控制下,分别给予各路信号相应的相移,相位控制器是空间功率合成的关键部件之一,其主要功能是:针对已确定的天线阵阵型,采用特定的相位控制算法,自动计算出各路信号需要的相移值,并产生相应的控制信号,调整各路移相器的相移,最终使得天线阵的辐射信号,在指定的方向上获得最大的空间合成功率。经过相位调整后的各路移相器输出信号经过功率放大后,由各单元天线辐射出去。

可见,空间功率合成主要依靠移相器对每条通道的相位控制,灵活地控制天线阵中各个单元的相位,从而获得满意的空间辐射特性。因此,快速、准确的相位控制是空间功率合成的关键技术之一。

(2)等效辐射功率。

假设 N 单元天线阵中，各单元天线具有相同的天线增益 G_T 和相同的输入功率 P_T，对于线性传播媒质，电磁场方程是线性方程，可以应用叠加定律，则远区距离该阵 r 处某点的合成场强应为各单元天线在该点辐射场强的矢量叠加，即

$$E = \sum_{i=1}^{N} E_1 + E_2 + \cdots + E_N \quad (3.34)$$

式中，$E_i = E_{im}e^{j\theta_i}$ 为第 i 个单元天线辐射信号到达目标接收点处的场强，E_{im} 为第 i 个单元天线辐射信号到达目标接收点处场强的最大值，θ_i 为第 i 个单元天线辐射信号到达目标接收点处的相位。

当电波以自由空间传播方式传播时，第 i 个单元天线辐射信号到达目标接收点处的场强可以表示为

$$E_i = \frac{\sqrt{30 P_T(W) G_T}}{r_i(m)} e^{j\theta_i} \quad (V/m) \quad (3.35)$$

假设第 i 个单元天线的初相位为 φ_i，第 i 个单元天线到达目标接收点处的距离为 r_i，则第 i 个单元天线辐射信号到达目标接收点处的相位应为

$$\theta_i = \varphi_i - kr_i = \varphi_i - \frac{2\pi r_i}{\lambda} \quad (3.36)$$

式中，k 为相移常数；λ 为发射信号的波长。则

$$E = \sum_{i=1}^{N} E_i = \sum_{i=1}^{N} E_{im} e^{j(\varphi_i - kr_i)} \quad (3.37)$$

3.4 卫星通信对抗

以卫星为载体的军用航天系统从 1991 年海湾战争第一次介入实战起，在随后的历次军事行动中，都发挥了极为重要的作用。如在 1999 年科索沃"盟军行动"中，以美国为首的北大西洋公约组织就投入了 50 多颗军用和民用卫星支援作战。

现代战争中，军用航天系统是一体化全球感知与全球交战系统的核心，特别是通信卫星和全球卫星导航定位系统已成为实施实时指挥控制、中远程精确

打击和精确兵力投送的关键。外层空间已由目前支持陆、海、空作战的辅助战场转变为主战场之一,并将出现划时代的侦察、预警、通信、导航和气象等卫星网或卫星星座,它们与各种情报系统、指挥控制和通信系统以及计算机网络相结合,最大限度地发挥空间力量在信息战中的支持作用。因此,夺取空间优势和控制外层空间将成为 21 世纪各国航天发展的首要任务。

军事通信卫星是军用航天系统中最重要的装备。由于通信卫星覆盖区域广,能提供稳定、畅通、可靠和大容量的全球通信,因此受到各国军方的高度重视。军事卫星通信已成为当代最有生命力的通信手段,使陆、海、空军事通信得到了一次飞跃。

通信卫星作为一种稳定、可靠和有效的通信手段,将在信息化战场上发挥越来越重要的作用。卫星通信线路载有大量的军事、政治、经济和社会信息,具有巨大的情报侦察价值,而且,卫星通信服务对象多、分散面广,通信频率和工作方式等参数在相当长的时间内(5~10 年或更长)是固定不变的,这就为对其进行侦察和干扰提供了可能。

3.4.1 卫星通信概述

卫星通信是利用发射到空中的人造地球卫星作为空间中继站,将地面站(或称"地球站")发来的信号经变频放大后再发回地面。这样,位于通信卫星转发器天线波束范围内的任何两个卫星通信地面站或通信终端之间都能通过转发器实现远距离的无线通信。

1. 通信卫星

按照卫星轨道分类,通信卫星有同步轨道(也称"静止轨道")卫星(Geostationary Earth Orbit, GEO)、高椭圆轨道卫星(Highly Elliptical Orbit, HEO,只有俄罗斯等少数国家使用)和低轨道卫星(Low Earth Orbit, LEO)。因同步轨道卫星可进行全球通信,世界大多数国家都采用同步轨道卫星组成卫星通信系统。但同步轨道卫星轨道高、传播路径远、通信系统传输损耗大、传输时延长,对于实现全球个人移动通信不利。而采用低轨道卫星通信系统,传输损耗和时延大大减小,这对实现移动通信创造了有利条件,因此近几年来,低轨道卫星也在迅速发展。

美国是最早在军事上部署和应用通信卫星的国家。按美国国防部通信计划，到现在已经发展了三代通信卫星。第一代国防卫星通信系统（DSCS Ⅰ）1966 年开始部署，第二代国防卫星通信系统（DSCS Ⅱ）1971 年开始部署，到 20 世纪 90 年代逐步由通信能力更强的第三代国防卫星通信系统（DSCS Ⅲ）取代。第三代国防卫星通信系统的布局与第二代的相同，同时有 4 颗卫星在同步轨道上工作，另外 2 颗卫星在轨待命。DSCS Ⅲ 是一种多用途通信卫星，既能使用大型固定通信终端，又能使用小型机动通信终端，既能提供远程战略通信，又能提供近程战术通信，主要用于全球军事指挥控制系统、地面机动部队、国防通信系统、海军舰队通信、白宫通信署，以及北约组织等盟军通信网络。与前两代国防卫星通信系统相比，DSCS Ⅲ 采用了先进的技术，提高了卫星的灵活性、抗干扰能力、通信容量和工作寿命。除国防卫星通信系统外，美国还部署了以海军为主，海、空军联合使用的 UHF 后续卫星（UFO），也称为舰队通信卫星；租赁了部分通信卫星，如 L 波段国际移动卫星系统，C 波段和 Ku 波段国际通信卫星系统等供核部队使用的空军卫星通信系统以及跟踪与数据中继卫星等。空军卫星通信系统并没有专用卫星，而是由搭载在各种宿主卫星上的专用特高频转发器、机载终端和地面站组成的系统。主要宿主卫星有后续卫星、租赁卫星和 DSCS Ⅲ 等。

军事卫星通信的发展趋势是提高工作频率，使系统具备强生存能力（在核战争中和核战之后仍能生存）、抗干扰能力和通信隐蔽性。因此，20 世纪 80 年代美国国防部就决定开发极高频 EHF 频段的军事通信卫星，即军事战略、战术和中继卫星，简称"军事星（Milstar）"。这是第一个使用毫米波的卫星通信系统，在采用极高频频段的同时还继承了特高频和超高频频段卫星通信的特点。到了 20 世纪 90 年代，随着军事战略的改变，美国对"军事星"计划进行了较大的调整。使"军事星"不仅能用于核战情况下的战略通信，也能广泛用于常规战争期间的战术通信。并将卫星数目从原先的 10 颗减为 6 颗，卫星性能也有较大改变。调整后的 6 颗"军事星"卫星分为两代，1994 年和 1995 年发射的两颗"军事星"为第一代，1999 年起陆续发射的 4 颗"军事星"为第二代。"军事星"通信系统在地球同步轨道上使用 4 颗卫星组网工作。美军的低轨通信卫星有铱星（Iridium）、环球星（Globalstar）及轨道通信星（Orbcomm）等。

2. 卫星通信的作用

卫星通信线路容易建立，可提供稳定、畅通的全球通信，适合传送各种数据、话音和图像等信息，可实现静止和移动通信，且具有广播多址能力。无论是陆、海、空各军种，还是战术或战略军事活动，卫星通信都能较好地完成通信保障任务。因此，卫星通信受到军方的高度重视。据报道，在海湾战争期间，美国国防通信局负责处理的从美国本土到海湾地区的通信业务中，有90%以上的信息是通过通信卫星传输的；海湾地区海军联合司令部与海域内各参战舰艇的远程通信以及舰队编队间的战术通信，有95%的业务是靠后续卫星（UFO）通信系统来保障的。为确保对各参战部队指控通信的需要，仅国防卫星通信系统所提供的通信保障就占整个战区通信业务的75%。

3. 卫星通信的特点

（1）按需分配方式。

当卫星通信信道提供给大量低信息量的用户使用时，有限的信道资源不可能给用户都分配专用信道。即使分配了，卫星资源的利用效率也极低。因此，直接服务于用户的卫星信道通常采用按需分配方式，即仅在用户需要通信时分配信道给用户使用，该用户用完后再分配给其他用户，使有限的信道可提供给大量用户使用，如同移动通信的蜂窝网信道分配方式。

按需分配包括按需分配单址（Demand Assigned Single Access，DASA）和按需分配多址（Demand Assigned Multiple Access，DAMA）两种方式，由信道控制站来处理用户发来的服务请求，并给用户分配信道资源，完成实时网络控制。

（2）多址技术。

多址技术是指多个卫星地面站将各自的发射载波送到同一个卫星转发器，实现多通路的连接。因此，在同一卫星天线覆盖区内的任一地面站所发送的载波可为同一天线覆盖区内的任何地面站所接收，而且可接收同一天线覆盖区内多个地面站发来的载波。卫星多址技术包括：

①频分多址（Frequency Division Multiple Access，FDMA）。

频分多址是每一个地面站分配一个特定的频率及必要的带宽，用来发射载有多目的地的复用信息载波。所以频分多址是按频率及带宽来分割同一转发器的频带。

典型的 FDMA 有 FDM – FM – FDMA、TDM – PSK – FDMA（IDR）和 SCPC 等。FDMA 是目前用得最多的一种多址技术，在极高频段已有标准。

②时分多址（Time Division Multiple Access，TDMA）。

时分多址是用同一个载波，在一个时间帧的范围内，多个地面站分别分得一个时间段（分帧）。在一个分帧内，一个地面站将发射一个载有多目的地、多路复用信息的数字信号，在同一卫星天线覆盖区内的其他地面站都可接收这个分帧，并从中提取本站所需的数字信息。所以，时分多址是按时间分割使用同一转发器的载频和带宽。

典型的 TDMA 有 TDM – PSK – TDMA 和 TDMAIDAMA 等。TDMA 主要在极高频频段的大站间使用，但在频分多址基础上的 TDMA 及窄带 TDMA 可在中小站上使用。

③码分多址（Code Division Multiple Access，CDMA）。

码分多址也称扩频多址（Spread Spectrum Multiple Access，SSMA），它是将原始带宽较小的信号扩展成占用很大带宽的信号，然后依据扩频的不同地址码来区分每个信道，实现码分多址。CDMA 包括直接序列扩频（Direct Sequence Spread Spectrum，DSSS）、频率跳频（Frequency Hopping，FH）、时间（Time Frequency Hopping，TFH）以及线性调频或鸟声调制（CHIRP）等，一般用于抗干扰系统。

（3）VSAT 系统。

VSAT，即甚小天线口径终端。VSAT 系统是指利用众多的小型卫星地面站（L 波段 0.2~1.2 m 站，Ku 波段 1.2~1.8 m 站和 C 波段 1.8~3 m 站）、若干个大的主站以及卫星组成通信网络系统各小型站经过卫星同主站组成星形通信网络，包括小站和主站直接通信（单跳方式），或两个小站经过主站转接通信（双跳方式）。VSAT 系统各小站也可直接通信，组成网状网，但通常需要一个集中控制中心负责网络的管理和控制。

VSAT 网可采用各种多址接入方式，包括 FDMA、TDMA 和 CDMA。但 TDMA 不是根据网内站数分给每站一个固定时隙，而是采用 ALOHA 方式。ALOHA 是夏威夷人见面问候及告别时的口话，这里用来表示消息碰撞之意。

ALOHA 包括纯 ALOHA、时隙 ALOHA、预约 ALOHA 及自适应时隙分配方式（AA-TDMA），我国台湾 VSAT 网采用了 AA-TDMA 方式，这时对短的、突发性强的交互式信息采用时隙 ALOHA，以减小传输时延；而对长的、批数据业务信息采用预约 ALOHA，以获得高的流通量。

4. 军用卫星通信系统的抗干扰措施

打赢一场真正的信息战争，激烈的电子战是不可避免的。交战双方都知道，谁把对方的信息传输系统打瘫痪而使其失去生存能力，谁就掌握了制信息权。斗争的主要手段就是干扰和抗干扰及摧毁和反摧毁。作为军事卫星通信系统，也必然千方百计采取各种抗干扰措施，以保障系统的生存能力，使通信不被中断，保证重要的信息传输畅通。

通信卫星主要的抗干扰措施如下：

（1）频率方面的抗干扰措施。

多频段共用能提高抗干扰能力，是不言而喻的，但为什么还向更高的频段发展呢？使用更高频率可以获得下述的好处。

①可得到非常宽的工作频带，使扩频技术在极宽的频带内充分使用，如 Milstar 的上行线路可在 2 GHz 带宽内实现快速跳频，极大地提高了抗干扰能力。

②在信息速率不变的情况下，可用冗余比特大、纠错能力强的先进的纠错编码技术及加密技术，既降低了被截获概率，也提高了抗干扰能力。

③频段高，容易制作小巧天线，实现多波束自适应调零。

（2）采用星上处理转发器。

若使用透明转发器，在有干扰的情况下，由于非线性效应，因此不能提供足够的抗干扰能力支持小终端之间通信，且增大扩频带宽改善抗干扰性能也不大，因为带宽增大，干扰容限有一定极限。在星上若使用处理转发器，其干扰容限与带宽成正比，星上处理和宽扩频带宽可以提供极强的抗干扰能力。

（3）采用多波束自适应调零天线。

如果在卫星上安装自适应调零天线，便能在空间鉴别用户和干扰源的位置，从而自适应地改变方向图，使用户方向有最高的增益，而干扰方向增益很低，甚至零增益，从而提高抗干扰能力。

(4) 采用自适应技术。

这里主要指采用功率、频率、数据速率及调制的自适应技术。军事卫星通信系统是在复杂、多变的电磁环境下运行的，因此，需要制定功率、频率、数据速率及调制等各技术参数在不同干扰情况下的算法，使之自适应地变化，从而达到抗干扰的目的。

表3.2 列出了通信卫星各种抗干扰措施的主要内容。

表3.2 通信卫星各种抗干扰措施的主要内容

类别	主要干扰内容
频率	多频段并用，并向极高频及更高频率发展
功率	根据需要采用大功率或小功率
轨道	同步轨道、椭圆轨道、中低轨道和变轨技术
星体	多卫星、小卫星群、大型卫星和轻型卫星
转发器	硬限幅转发器、信号处理转发器、SMAT – AGC 转发器
星上天线	可控点波束、多波束和多点波束自适应调零天线
星际链路	星际传输，避免被侦察干扰
扩频技术	直接序列扩频、跳频和混合型
降低门限技术	纠错编码、交织和分集
陷波技术	自适应"零陷"技术和强干扰自适应抑制技术
自适应技术	功率自适应、频率自适应、速率自适应和调制自适应
其他技术	冗余技术、隐蔽通信、突发通信、战术、组网和欺骗

3.4.2 卫星通信对抗技术

1. 卫星通信对抗的技术难点

卫星通信采用卫星作为空间中继站，而卫星有地球静止轨道（同步轨道）卫星以及高椭圆轨道和低轨道（非同步轨道）卫星；卫星天线有球波束、半球波段、区波束和点波束等；卫星转发器工作频段从几百兆赫兹到几十千兆赫兹，带宽也有窄有宽；卫星地面站有固定和移动方式。卫星通信可用于陆、海、空各个地域，可提供电报、电话、数据和电视等多种业务，采用单工或双工（主要的方式）通信，具有多种多样的信源编解码、多路复用、信道纠错编码及各种多址方式等技术。这给卫星通信对抗带来了困难，同时也带来了机遇。

从电子战的角度来看，卫星通信对抗的主要特点（也是难点）有：

(1) 卫星通信信号的上行和下行频率不一致。

对地面或地－空通信干扰而言，通常是在视距范围内侦收敌电台的发射信号，干扰敌电台的接收信号，此时，发射信号就是要接收的信号，两者同频。

卫星通信则不然，两个地面站之间，采用卫星转发通信信号，上行频率和下行频率不一致，因此，对卫星通信的干扰便存在一个频率引导问题。对于地面干扰站，它只能接收到卫星的下行信号，而需要干扰的是上行信号。如何根据下行信号频率来确定上行信号频率，即频率引导问题，是干扰站必须解决的重要问题，不能采用常规的侦收、分选、识别、处理和引导干扰的通信对抗措施。

(2) 要求干扰站的等效全向辐射功率（EIRP）比卫星地面站要大得多。

一般在地－地和地－空通信对抗中，干扰站到通信接收系统的距离通常要大于通信接收机与通信发射机之间的距离，要求干扰功率也明显大于通信发射机功率。但通信卫星一般距地面 500~4 000 km，特别对于同步轨道卫星，卫星地面站和干扰站同卫星的距离基本一样，只要干扰站的 EIRP（即发射功率和天线增益之积）与地面站的 EIRP 相近，应该就可干扰地面站的工作。但由于卫星通信对抗无法确切知道某一转发器转发的特定对象，特别在希望实行宽带拦阻干扰时（如干扰一个转发器），干扰站的 EIRP 应比卫星地面站的 EIRP 大得多。

通信对抗设备的 EIRP 是设备性能的一个重要指标，它标志着设备的对抗能力。为提高干扰站的 EIRP 值，可以加大天线尺寸和增大发射功率。对于 UHF 频段，卫星地面站通信终端天线大多采用单螺旋天线，为增大对抗系统天线增益，也可采用多螺旋天线阵。地面站发射功率一般为 30~100 W，而地面对抗系统发射功率做到 1 kW 也不是很困难。因此，UHF 频段对抗系统的 EIRP 可比卫星终端大得多，不仅可实现瞄准干扰，即使拦阻干扰也有较大的潜力。

对于微波频段，卫星地面站通信终端通常采用抛物面天线。对干扰站来说，天线尺寸的加大受运载方式的限制。如果采用车载方式，天线尺寸一般限于 5 m 以下；如果是可搬移方式，天线尺寸也不能超过 7.5 m；对于 7.5 m 以上的大天线只能采用固定方式。另外，天线尺寸较小（$D/\lambda < 150$）时，天线波束较宽，可以不必加天线伺服系统，只要人工调整天线指向就可以了。但卫星通信地面站的天线可小到 1 m 以下，也可大到 30 m，为使干扰系统有足够大的 EIRP，必须增加发射功率。但微波波段大功率放大器目前大多采用行波管，受尺寸、质量和功率限制。因此，干扰站的 EIRP 一般不超过同类尺寸的卫星地面站，只能依靠增大天线的尺寸，或者只能压制天线尺寸较小的卫星通信地面站。

(3) 卫星通信侦察需要高的 G/T 值。

在卫星通信系统中，用地面站接收系统的天线增益（G）与其等效噪声温度（T）之比（G/T）表示卫星通信地面站接收系统性能的高低。因此，对卫星通信的侦察能力也主要决定侦察站的 G/T 值。常用的通信侦察设备为了满足动态范围，接收机噪声系数一般在十几分贝。卫星通信地面站接收系统通常采用低噪声放大器，因此，对卫星通信的侦收也应采用低噪声放大器，以提高 G/T 值。当通信侦察设备的 G/T 值等于或优于卫星地面站接收系统的 G/T 值时，才可保证可靠侦收。

(4) 天线问题。

由于通信卫星天线对地球有一定的覆盖区，因此，卫星通信对抗设备只能对同一覆盖区内的卫星通信地面站实施对抗。当然，即使在同一覆盖区，由于覆盖区内中心和边缘的 EIRP 值相差较大，通信对抗设备必须予以考虑。另外，也必须考虑卫星接收天线具有的调零抗干扰能力。

2. 卫星通信对抗的可行性分析

根据卫星通信系统的组成和工作过程，卫星对抗系统的具体干扰对象可以有卫星的遥测及遥控指令分系统、上行线路、下行线路（地面通信终端设备）和转发器，对各对象的干扰可行性分析如下：

(1) 遥测及遥控指令分系统。

卫星在太空中为了保证正确的位置和正常工作，要不时地从地面遥测指令分系统和监控管理分系统接收各种遥测、遥控指令。当测控中心向卫星发送遥控信号或卫星反馈遥测信号时，卫星通信对抗侦察装备可进行搜索截获。从截获的信息中，提取测控信号的各项参数，并选取最佳干扰样式进行干扰，就有可能完全破坏卫星和地面遥测、遥控系统对遥测和遥控信号的接收，从而使测控中心得不到卫星的各种状态信息，无法发出正确的遥控指令。另一方面，由于遥控指令受到了干扰，卫星的位置及工作状态不能被正确控制，处于失控，甚至还可以通过一定的手段对其进行欺骗式干扰，夺取卫星的控制权，发出指令改变其运行轨道、天线波束角度或关闭卫星等，从而获得巨大的军事价值。

（2）上行链路。

由于卫星通信自身的特点，对卫星上行信号实施有效攻击可使卫星通信系统全部瘫痪，因此，对卫星上行链路的干扰是卫星通信对抗的重点。在干扰上行链路时，干扰方首先要截获地面站发出的上行通信信号，而后对卫星接收端实施干扰，以破坏其整个通信过程。但地面站发射天线波束主瓣指向卫星，侦察站仅能侦收到其副瓣信号，加上地面传播损耗和侦察接收机灵敏度等的影响，在地面直接侦收卫星上行信号相当困难。通常使用的方法是通过侦收下行信号频率来确定上行信号频率；另外也可使用无人机和侦察卫星等升空平台来侦收卫星的上行信号。对卫星上行信号的干扰宜采用空中平台干扰站。一般情况下，地面干扰站到卫星的距离与卫星通信地面站到卫星的距离差不多，但地面干扰站发射天线主瓣方向仅能对准卫星接收天线副瓣，会遇到很大的衰减，所以无法有效地干扰上行信号。而机载或星载干扰站能够进入卫星接收天线主瓣区域，只要其干扰信号能量（比地面站信号）足够大，即可有效地干扰敌卫星上行线路。

（3）下行链路。

干扰卫星下行链路，即对卫星地面站通信终端实施干扰，从而达到破坏其通信的目的。对卫星下行信号的对抗宜采用无人机等升空平台进入卫星发射天线主瓣覆盖地域，就可对下行信号有效侦收和引导干扰。这时，空中干扰平台到卫星地面站接收终端距离近，覆盖面宽，干扰信号能进入卫星地面站通信终端的接收天线主瓣，取得良好的干扰效果。若使用地面干扰站，由于距离远、地物障碍、处于卫星发射和地面站接收天线的副瓣范围等原因，即使功率再大，天线增益再高，也无济于事。

(4) 卫星转发器。

星上转发器直接起着转发每个地面站上行链路信号的作用，是通信卫星的主体设备，通常有透明转发器和处理转发器两大类。

① 透明转发器。

透明转发器收到地面站上行信号后，仅进行低噪声放大、变频和功率放大后就转发给地面站接收系统，对信号不做其他处理，单纯完成转发任务。因此，对卫星上行线路的有效干扰可使转发器无法正常工作，从而导致卫星通信系统瘫痪。

② 处理转发器。

当卫星收到地面站上行信号后，处理转发器先将信号解调，对信号进行抗干扰处理，然后经调制、变频和功率放大后再转发到地面。对于处理转发器，目前一般的干扰方法几乎没有效果，必须首先检测出星上处理转发器的信号参数，然后再采用相应的干扰措施，才能达到有效干扰的目的。

随着现代通信技术和通信抗干扰技术的发展，卫星通信系统还采用了扩展频谱和保密通信等多种抗干扰措施，单一的干扰方法往往已不能奏效，必须综合运用多种干扰技术。例如，对上行链路和下行链路的混合干扰方式，同时对上行和下行通信信号实施侦察和干扰；再如，把遥测、遥控对抗与卫星通信对抗结合，达到综合干扰的效果。

3. 卫星通信对抗的平台选择

对卫星通信系统，通常是干扰上行链路。对透明转发器，上行干扰可以将转发器功放推至饱和状态，俘获转发器而使有用信号无法转发。即使不能使星上功放饱和，它也会将干扰信号一起转发。另外，使干扰信号与有用信号具有相同的 EIRP，这样至少能够获得 1∶1 的干扰压制，从而起到有效干扰的目的。

对处理转发器，上行干扰只要掌握信号参数，也可以破坏转发器的正常工作状态，恶化星上解调性能，甚至使其无法工作。由于通信卫星位于空中，对其实施干扰的干扰设备可以采用多种运载平台，而不同的干扰平台具有不同的干扰效果。因此，可以根据作战使用需要，选择不同的干扰平台，最大限度地发挥各种平台干扰站的作战效能。

譬如，陆基固定或车载、舰船载干扰站可采用大尺寸天线和大功率干扰发射机，获得很高的EIRP，对卫星转发器是一个很大的威胁，可使透明转发器输入电路阻塞和输出功放被推向饱和，也可使处理转发器解调性能下降，从而破坏系统正常通信，达到干扰的目的。空中平台的干扰站主要用于干扰地面、空中和舰艇的卫星通信终端。利用低轨道星载干扰设备还可以直接干扰下行链路，使卫星通信地面站无法正常接收信号。

4. 卫星通信对抗的关键技术

（1）卫星通信信号的截获、分析和识别技术。

现代军事卫星通信信号采用各种数字调制样式、多址工作方式和扩频技术等，这就要求侦察接收机必须具有足够宽的频率覆盖率、高灵敏度和高频率分辨率，并具有对多种信号的截获、解调和实时处理能力。这就必须先对卫星通信信号进行截获、分析和识别，以提取相应的信号技术参数，这是对卫星通信实施有效干扰的基础，特别是对于采用处理转发器技术的通信卫星更是如此。

（2）空间功率合成技术。

在不能确保干扰信号对准卫星通信天线主瓣的情况下，为了加大进入主瓣的干扰信号能量而实现有效干扰，提高干扰功率是唯一的有效途径。譬如采用空间功率合成技术，以获得超大输出功率，满足对军事卫星通信干扰的要求。

（3）新型卫星通信干扰技术。

现代通信卫星除采用星上处理转发器外，还采用可控点波束和"零陷"天线等最先进的抗干扰措施。对此，必须研究相应的新型干扰技术。例如，对"零陷"天线系统的有效干扰技术，对可控点波束系统的低信噪比副瓣侦察和干扰技术，以及如何确定上行信号频率的频率引导技术等都是卫星通信对抗必须攻克的关键技术。

5. 卫星通信的抗干扰和抗摧毁

卫星通信广泛应用于公众电信及军事通信领域。但是，由于通信卫星的暴露性及广播型的通信方式使卫星通信信号易受敌方的截获、干扰，通信卫星甚至会受到敌方的攻击和摧毁。卫星通信的干扰及反干扰、摧毁及反摧毁不同于地面通信系统，已成为一个重要的技术分支。

（1）卫星通信受到的有意干扰。

卫星通信系统受到的有意干扰可分为对上行线路的干扰、对下行线路的干扰、对转发器的干扰和对地面网络的干扰。干扰的设备可置于地面，如固定式、车载式或船载式干扰站；也可置于空中，如机载、气球运载的干扰站；也可置于太空，如星载干扰站。

①对卫星通信上行线路的干扰。

卫星通信上行线路是指卫星通信地球站向星上转发器发送信号的通信线路。干扰上行线路，要先侦收下行的特征参数，进行分析、计算；然后，干扰站对卫星跟踪、瞄准，向卫星发射强干扰信号，以破坏卫星转发器接收机，使之不正常。干扰站发射的干扰信号，可以是一个与通信卫星工作频率极相近的单频正弦波或窄带调频信号，干扰通信卫星的窄带接收系统；也可以是多频梳状谱的干扰信号，干扰多个窄带系统；甚至可以是宽带干扰信号，去干扰直扩接收机。

当干扰站对卫星的有效辐射功率必须大于卫星通信地球站的有效辐射功率时，才能实施有效的干扰。这样的干扰使得上行线路信噪比大为恶化，或使卫星转发器接收机饱和、阻塞，不能工作。

②对卫星通信下行线路的干扰。

对下行线路干扰的目标是地球站和地面网络，干扰的手段是利用无人机、气球等空中平台运载的干扰站。由于空中平台干扰站离卫星通信地球站的距离远远小于同步轨道或中低轨道卫星到地球站的距离，干扰信号的传播路径损耗小得多，因此，只要使用不大的干扰功率就可实现对卫星通信地面系统的干扰。

③对卫星转发器的干扰。

卫星通信转发器有透明转发器和再生处理转发器之分，相应的干扰方式也有所不同。

a. 对透明转发器的干扰。

透明转发器指卫星转发器只完成信号的放大和频率的变换，对信号不进行处理。对这种转发器，地面干扰站发射窄带或宽带的强干扰，会导致两种后果。一种后果是转发器的放大部分因信号饱和产生严重的非线性，使信噪比急剧恶化，当信噪比恶化到门限以下时，系统就不能工作；另一种后果是使转发器处于阻塞饱和，也会导致系统不能工作。干扰站把透明转发器推向饱和并非难事，如当通信卫星工作在 6 GHz 频段，干扰站天线口径为 6.2 m 时，干扰站所需的干扰功率大于 1 000 W 即可，这很容易用行波管或速调管放大器实现。

b. 对处理转发器的干扰。

星上处理技术包括数字信号解调再生、上行/下行频率交链、星上解扩频、星上解跳频及频分复用与时分多址的变换等。星上处理的各种手段使这类转发器获得处理增益为 G_p 的抗干扰性能。要干扰处理型转发器又不希望用更大的干扰功率，干扰机首先要检测出星上处理转发器的直扩信号特征参数，如扩频码的周期、子码宽度和码型；然后，用步进式相位相关干扰或最大互相关干扰技术，去干扰卫星处理转发器，就不再需要将功率增加 G_p 了。而对正交跳频处理型转发器，只要进行多个载波干扰使转发器饱和，产生组合干扰以破坏跳频解调信道的正常工作即可。

④对通信卫星跟踪、遥控信号或通信网信令的干扰。

在卫星发射及运行的姿态控制中，有许多关键的控制信号，干扰这些信号将使卫星姿态、轨道失控而导致系统瘫痪。

在卫星通信的网络控制管理系统中有公用信道呼叫、分配信令，若公共分配信道的频率、信令格式被敌方侦察接收，对其进行干扰，将使整个卫星通信业务控制失灵而使系统混乱。通信卫星的自爆是防止卫星发射过程发生故障，或其他偶然因素使卫星降落在敌国，或人口稠密地区造成巨大伤亡而采用的手段。自爆系统接收地面遥控的安控指令执行引爆。若"安控指令"为敌方得知，它们可以发射一个自杀的假指令，对卫星造成直接的威胁。通信卫星轨道位置的变换、太阳能电池板对太阳的跟踪、卫星天线或遥感器指向、纠正卫星定点偏离的机动发动机点火等都要受地面遥控指令的控制。若敌方侦察到这些指令，对其进行干扰，将使整个卫星系统失灵。

(2) 卫星通信抗干扰的方法。

卫星通信抗干扰有以下几种措施：星上采用可控多波束天线、自适应调零天线、自适应限幅干扰抵消技术、智能自动增益控制、下行频率交链、星上再生处理、星上解扩、解调扩频、星上进行解交织、级连解码处理、地面系统冗余设计和网络备份等技术及星地一体化抗干扰等。

①抗强信号干扰——星上干扰限幅与干扰对消。

敌方对卫星通信转发器施放的强干扰，甚至可以把转发器推向饱和。对付此类干扰，星上可以采用软、硬限幅和自适应干扰对消技术。它的基本工作原理是，进来的强干扰信号和有用信号一起首先经过限幅器处理，使干扰信号电平不能把转发器阻塞，然后用干扰对消技术进一步抑制干扰信号。

在不考虑加自适应干扰对消器时，星上硬限幅器（门限固定）或软限幅器（门限可变）可保护转发器不到饱和。但是，由于干扰与信号同时被限幅，导致信噪比损失。在硬限幅时，若干扰与信号不相关，信噪比损失 1~6 dB；若干扰信号与通信信号相关，信噪比损失更大，可能超过 6 dB。在软限幅时，信噪比损失 1~2.5 dB。限幅虽然使信噪比有损失，但却可保障系统的正常工作，因此通常作为一项有效措施应用。再配合使用自适应干扰抵消技术，对干扰的抑制将进一步提高。自适应干扰抵消有以下两种：

a. 带式干扰抵消器。

以扩频接收机为例，对瞄准式的窄带强干扰，可在解扩处理前利用自适应横向滤波器产生干扰信号的复制品，再与输入信号相减，干扰被削弱或抵消。而有用的扩频信号有伪随机特性，不会被横向滤波器所复制，能无损地通过相减器，进入解扩器。这种抗干扰措施能对干扰抑制几到十几分贝。

b. 宽带干扰抵消器。

宽带干扰抵消的原理如图 3.9 所示。由于干扰 $J(t)$ 电平远大于有用信号电平，硬限幅器的输出中有用信号被大大抑制。宽带限幅器输出为干扰 $J'(t)$，放大器 1 的增益 g_1 由估值电路确定，使放大器 1 输出的干扰 $g_1 J(t)$ 近似等于 $J'(t)$，则经相减器，干扰得到抵消，有用信号经合理设计 $g_1 \cdot g_2$ 而不受损失。注意干扰抵消电路输出的信号与噪声之比与输入的比值相同。

星上限幅、干扰抵消器抗干扰的原理也适用于下行线路接收机。近几年，在软限幅基础上正研究一种新型抗干扰处理器——智能自动增益控制（Smart Automatic Gain Control，SAGC），其基本概念与常规处理转发器软限幅的区别在于 SAGC 把射频幅度的中间部分移走，使信号包络处于高功放的线性区。这个信号包络包含了小信号的大部分有用信息，相当于提高了有用信号的增益。SAGC 对整个输入信号是非线性的，会产生交调影响，但其性能远优于通常的软限幅。如在脉冲型连续波干扰下，当输入信干比为 10 dB 时，软限幅由于对

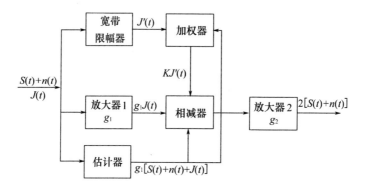

图 3.9 宽带干扰抵消的原理

小信号抑制,输出信干比为 5.34 dB;当输入信干比为 36 dB 时,软限幅输出为 36 dB,SAGC 输出为 8.27 dB。

② 采用极高频抗干扰技术。

国外军用卫星通信由 X 波段向 EHF 波段发展。从抗干扰角度来讲,EHF 波段有以下几个特点:

a. 具有很宽的可用频带,易于实现超宽频扩频。EHF 频带用于卫星通信的频段是 20~70 GHz,每个子频段可提供 1~5 GHz 的宽度。若信息速率为 2.4 kbit/s,取扩频带宽为 1 GHz,在系统解调的输出 $E/N_0 = 10$ dB 时,抗人为干扰能力为 48 dB,即干扰功率强于信号功率 5 万倍时,系统仍能正常工作。目前美国最先进的战略战术卫星通信系统 Milstar 就采用上述抗干扰方式。

b. 天线增益高,方向性很强,有利于降低敌人的截获率。

c. 由于可利用频带宽,易于设置多个应急备用频段。这种备用频段平时"隐蔽"不用,在战争关键时期突然出其不意使用,增强了系统抗侦收和抗干扰能力。当然,在 EHF 频段,天线低仰角时降雨损耗(雨衰)较大,跟踪也较困难。

③ 星上采用点波束、自适应天线阵列和天线自适应干扰调零。

卫星天线按其波束覆盖区的大小,可分为全球波束、区域波束和点波束。点波束覆盖面积小,波束半功率点宽度为 1°~2° 或更小,这有利于防止敌人的截获和干扰。波束的改变还可以通过电的方式或机械扫描的方式来控制。点波束天线还有一种称为旁瓣对消技术,可以防止不从主瓣而从天线旁瓣进入的干扰。实际上，旁瓣对消的效果主要取决于对消信号与干扰处理的自适应算法，此法也适用于阵列天线。

④星上再生处理。

一般的卫星转发器是透明型的，也称为变频式转发器。随着卫星通信业务需求量提高，系统容量、组网能力和抗干扰性能等方面要求日益增长，卫星通信转发器由透明型发展为星上处理型。

星上处理技术的优点是：增加连通性，可改变传输路径与动态路由选择；增加系统容量，提高传输质量，使卫星功率与频率资源得到充分利用；使上行线路和下行线路隔离，干扰不叠加，系统有 2.8~3 dB 的性能改善；增强系统抗干扰能力和网络灵活性。

处理型转发器具有的功能有：上、下行调制解调方式的变化，如上行二进制移相键控（Binary Phase Shift Keying，BPSK）、下行四相移相键控（Quadrature Phase Shift Keying，QPSK）、上行移相键控（Phase Shift Keying，PSK）、下行移频键控（Frequency Shift Keying，FSK）；多址方式的变换，如上行为频分多址，下行为时分多址；星上解调/码再生/再调制；星上解码/再编码，星上去交织/再交织；星上抗干扰的解扩/再扩频；星上交换、智能化组网；星上存储转发，天线波束自适应调零；系统上、下行频率链的交链变换，如远端站上、下行频率为 L 波段，岸站上、下行频率为 X 波段或 Ka 频段等。实现星上再生处理要求处理设备小型化，尽量减轻卫星的有效载荷，并有良好的电磁兼容性和可靠性。

⑤直扩（DS – SS）和跳频（FH）。

FH、DS – SS、TH 及其混合形式作为地面军事通信中的抗干扰、抗截获的有效技术也广泛用于军用卫星通信，并形成军用卫星通信抗干扰的 CDMA。卫星通信系统中，CDMA 有如下几种：直扩码分多址（CDMA/DS）、跳频码分多址（CDMA/FH）和混合扩频码分多址（CDMA/DS/FH）等，其原理前面已经介绍，这里不再重复。

军用卫星通信码分多址系统与其他多址方式相比，其突出优点是：抗干扰能力很强，具有很好的调制信号隐蔽性及保密能力，连接组网方便、灵活。卫星通信 CDMA 组网中，多一个地址用户或少一个地址用户对系统性能影响很小。它不像 FDMA 要求对各载波的功率和频率严格控制，以免因互调失真使系统恶化；也不像 TDMA 方式要求网内严格的定时与同步。CDMA 常用 DS – SS、FH 等抗干扰相结合的技术。

⑥星上交换与星上编解码技术。

星上交换是指星上采用多波束、点波束天线时，采用动态接续矩阵进行波束间交换。可以按需要把相应的上行波束（点波束、多波束）和下行波束互相连接，以增加通信容量和增强抗干扰的能力。

(3) 通信卫星的摧毁与抗摧毁。

破坏卫星通信的最有效手段莫过于摧毁通信卫星，其方法主要有两种：一种是对卫星进行摧毁性的电磁脉冲干扰——核爆炸；另一种是用反卫星武器系统。反卫星武器有 3 种：拦截卫星、拦截导弹和激光高能武器，它们能直接摧毁通信卫星。

通信卫星的抗摧毁手段有如下几种：

①多轨道、多层次布星。

美国战略战术中继卫星通信系统 Milstar 是多轨道、多层次布星的一个典型例子。该系统是美国三军共享的卫星通信系统，由于它的战略地位显要，系统的设计立足于适应现代高技术战场及高性能打击武器，具有反电子对抗和对付反卫星武器的能力，因此能确保在各种级别的冲突中，提供一个全球性、高抗干扰、抗摧毁的不间断通信系统。Milstar 系统空间段原计划由 8 颗卫星组成，其中 4 颗卫星布置在同步轨道上，1 颗卫星隐藏在高度为 180 000 km 的超同步轨道上工作，其他 3 颗星在倾斜同步轨道工作，各星之间有通信链路连接。如果在同步轨道上构成全球覆盖的三颗星之一被摧毁，则有第四颗备用星来顶替；若同步轨道上 4 颗卫星被摧毁，还有倾斜轨道上的卫星和超同步轨道上的卫星来应急。

②以小卫星群抗摧毁。

发射机动、轻便的小卫星群或对雷达探测信号有隐蔽能力的卫星也是提高卫星通信生存力的方法。小卫星群的应用越来越受到重视。小卫星平时可方便地存储于军需库内，能装备到军、师一级，一旦战场通信急需，可迅速发射升空。美国国防预研局在 1991 年就成功发射两颗质量为 68.2 kg 的小卫星，用户设备终端为手提包式,架设极为方便。海湾战争中,美国和多国部队就使用了该系统。小卫星群敌方不易完全摧毁,即使一时摧毁掉现有的卫星,也能迅速发射、重新布置。

③星上安装替戒装置和反摧毁武器。

如果在卫星上加装电子预警传感器和激光预警传感器,一旦卫星受到激光武器或其他武器威胁,通过预警装置控制星载防卫装置或进行变轨躲避,或启动星上的反摧毁武器进行反摧毁。星上预替系统还能实时显示出外来威胁的严重程度,自动向地面报警,以使地面采取应急措施。据资料报道,Milstar 系统已计划在星上加装抵抗反卫星武器的装置。

④利用国际商用卫星和广播卫星进行军事通信。

租用国际商用卫星和商用电视广播卫星进行军事通信,不但经济上有利,而且国际公用的商业卫星关系到众多国家包括敌对国家的利益。除非战争已升级到破釜沉舟的程度,一般不敢贸然攻击(或干扰),因此租用商业通信卫星不失为一种躲避敌方摧毁(或干扰)的方法。

⑤星上抗辐射加固和核加固技术。

为了防止核爆炸摧毁卫星通信系统,可以在通信卫星上进行核加固和抗辐射加固。从元器件的优选到分系统、全系统进行抗核辐射优化设计。针对电磁脉冲的防护措施一般有物理屏蔽、滤波网络和特殊的保护电路,星上连接尽量采用光纤和对电磁脉冲反应迟钝的元器件等。

卫星外壳要加防核爆和防激光器照射的特殊保护层。为了减少核爆炸造成卫星通信信道传播特性恶化,可采用更高的通信频段。降低信息速率也是保证信息少受核爆炸影响的措施,例如在核爆炸时传输 75 bit/s 的报文或 2.4 kbit/s 的低速话音,提供最低限度的通信保障。除以上 5 个方面外,卫星通信系统采用网状组网,采用冗余、备用路由和先进的网控都能提高全系统的抗干扰、抗摧毁能力。

3.5 对扩频通信的对抗

扩频通信系统将原始信号的频谱进行扩展,得到射频带宽很宽的信号,然后再进行传输。扩频通信属于宽带通信,其特点是:用来传输信息的射频信号带宽远远大于要传输原始信号的带宽,射频信号带宽是信息带宽的几十倍甚至几万倍,以此为代价换来的是信息的可靠传输。

扩频信号频带宽度一般通过编码及调制的方法实现。在扩频通信系统的发射端,采用一个速率很高的数字编码序列(伪随机序列)去控制射频载波的相位、频率或时间,产生一个频带很宽的信号;在扩频通信系统的接收端,用一个和发送端相同的伪随机编码序列对接收信号进行相关处理,将宽带信号恢复成中频窄带信号,然后从中解调出所传送的信息。

扩频通信按照扩展频谱的方式不同可分为直接序列扩频、跳频、时间跳度,以及上述几种方式组合构成的混合扩频。其中直接序列扩频与跳频应用最多。

3.5.1 直接序列扩频通信系统工作原理

图 3.10 所示为直接序列扩频通信系统的基本结构,直接序列扩频系统一般用来传输数字信号,最常采用的调制方式是二进制移相键控。在发送端,信码 $m(t)$,采用双极性码;T_m 是信息码宽度;信息调制采用二进制移相键控;扩频码 $p(t)$ 由伪随机码产生器产生,也称为伪码,采用双极性码,T_p 是扩频码的宽度;载波频率为 f_c,DS 信号为

$$s_{\text{DS}} = m(t)p(t)\cos(2\pi f_c t + \theta) \tag{3.38}$$

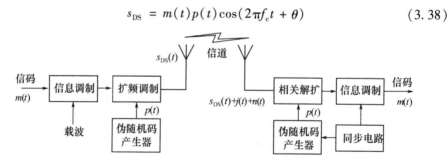

图 3.10 直接序列扩频通信系统的基本结构

一定能量的 DS 信号,由于其射频带宽得到很大的扩展,它在单位频带上的平均能量很低,甚至淹没在噪声里,所以说,在通信信道上的 DS 信号具有很强的隐蔽性,可以很好地"躲避"敌方侦察系统的搜索、检测与截获。$k = \dfrac{T_m}{T_p}$ 是整数,表示扩频增益,也是每个信码宽度中扩频码的个数,扩频码的周期

$T_c = cT_p$,c 表示一个扩频码周期中扩频码元的个数。一般情况下,$\dfrac{c}{k} = \dfrac{T_c}{T_p} \cdot \dfrac{T_p}{T_m}$ $= \dfrac{T_c}{T_m}$,表示一个扩频周期中的信码个数,通常,$\dfrac{c}{k}$ 是不小于 1 的整数,特别当 $\dfrac{c}{k} = 1$ 时,表示一个信码宽度对应的扩频周期。

在接收端,考虑到干扰与噪声,接收的 DS 信号:
$$r(t) = s_{DS}(t) + n(t) + j(t) = m(t)p(t)\cos(2\pi f_c t + \theta) + n(t) + j(t)$$
解扩后的信号:
$$\begin{aligned} r(t)p(t) &= m(t)p^2(t)\cos(2\pi f_c t + \theta) + n(t)p(t) + j(t)p(t) \\ &= m(t)\cos(2\pi f_c t + \theta) + n(t)p(t) + j(t)p(t) \end{aligned} \quad (3.40)$$

式中,第一项是信号项,$m(t)\cos(2\pi f_c t + \theta)$ 是窄带的信息调制信号,经窄带滤波器得以保留;第二项是噪声项,$n(t)p(t)$ 是宽带的,经过窄带滤波器大部分被滤出;第三项是干扰项,$j(t)p(t)$ 是宽带的,经过窄带滤波器大部分被滤出。

所以,在通信接收端 DS 信号具有很强的抗干扰性。

图 3.11 所示为直接序列扩频信号的波形与频谱。

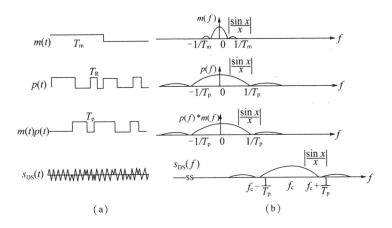

图 3.11 直接序列扩频信号的波形与频谱
(a) 波形;(b) 频谱

3.5.2 直接序列扩频通信侦察

由于扩频通信良好的隐蔽性和抗干扰性,因此非协作情况下扩频通信信号的检测、参数估计变得非常困难。

DS 信号一般占用的频带比较宽,普通的窄带侦察接收机不能与之相适应,因此,对 DS 信号的侦察必须采用射频宽开的侦察接收机,以保证信号落在接收机通带内;进入宽开射频侦察接收机的信号很多,瞬时的抽样电平无法判断 DS 信号的有无;DS 信号电平很低,常常淹没于噪声之中,无法从频谱上直接观察出信号是否存在,也不能利用信号的包络大小判断信号的存在。

对直接序列扩频通信的侦察主要包括信号检测、参数估计、信号解扩、信号解调等步骤。信号解调需要进行调制方式识别;在掌握扩频码序列的情况下,信号解扩是比较容易的;DS 信号的检测过程与参数的估计是相伴的,因此下面重点讨论 DS 信号的检测。如何从噪声中发现 DS 信号的存在并从中检测出来并进行参数估计,成为侦察 DS 信号的一个难点。

通信侦察无法得到扩频通信的伪码速率、符号周期、信噪比、载频等先验知识,因此 DS 信号侦察接收机采用的是非最优的、非相关的检测器。多年来,人们提出了很多检测方法,如能量检测算法、相关检测算法、高阶谱循环累积量分析法、周期谱密度(谱相关)分析方法等,这里对能量检测法进行介绍。

DS 信号的能量检测算法如图 3.12 所示。将输入信号过积分器对 $r(t)$ 首先通过带通滤波,取出感兴趣的频段,然后进行平方运算,通过能量积累后进行信号有无判断。有 DS 信号,则 $r(t) = s_{\text{DS}}(t) + n(t)$;无 DS 信号,则 $r(t) = n(t)$。

图 3.12 DS 信号的能量检测算法

能量检测算法的基本思想是信号加噪声的能量大于噪声的能量,即

$$E\{[s_{\text{DS}}(t) + n(t)]^2\} > E\{[n(t)]^2\} \tag{3.41}$$

估计环境噪声的能量 $E\{[n(t)]^2\}$ 并将其作为判决门限:当 $E\{[n(t)]^2\}$ 大于门限时,判为有信号;当 $E\{[n(t)]^2\}$ 小于门限时,判为无信号。

能量检测算法是侦察中最早的非协作检测方法，是一种不需要对信号做任何假设的盲检测算法，但它只能给出信号的大致频带，并且在不知道是否存在 DS 信号时，环境噪声的能量 $E\{[n(t)]^2\}$ 估计及带宽选取都是比较困难的。

第4章 光电对抗

第二次世界大战后,由于雷达制导和光电制导的精确制导武器成为飞机和军舰的主要威胁,因此电子战开始向光电对抗拓展。特别是近几十年来,光电技术在武器的火控与制导系统中的广泛应用,使得光电对抗技术得到了飞速发展。在20世纪70年代中期,"精确制导技术"这一概念被正式提出,应用精确制导技术的武器包括各种制导导弹、制导炮弹和制导炸弹。精确制导武器主要采用无线和有线指令制导、红外制导、电视制导、激光制导和雷达制导等多种制导体制,其中光电精确制导武器装备居多。由于光电精确制导武器具有制导精度高、抗干扰能力强和全天候作战等特点,因此光电精确制导武器已成为现代化高科技战争中的主要进攻武器。光电精确制导武器的发展大大刺激了光电对抗技术和装备的迅速发展,对抗技术与反对抗技术互相促进、交替发展,使光电对抗技术体系逐步完善。光电对抗已成为近年来电子战中发展最快、投资比例日益加大的一个领域。

4.1 光电对抗的基本概念

光电对抗指敌对双方在光波段的抗争,即在紫外、可见光、红外波段,己方使用电磁能量去探测、利用、削弱或阻止敌方使用电磁频谱,并保护己方有效使用电磁频谱。具体来说,就是指敌对双方在光波段范围内,利用光电设备和器材,对敌方光电制导武器和光电侦察设备等光电武器进行侦察告警并实施干扰,使敌方的光电武器作战效能削弱、降低或丧失;同时利用光电设备和器材,有效地保护己方光电设备和人员免遭敌方的侦察告警和干扰。这种为完成侦察干扰及反侦察、反干扰所采取的各种战术技术措施的总称称为光电对抗。

光电对抗是电子战的一个重要组成部分。光电对抗按作战对象所利用的光波段分类,可分为激光对抗、红外对抗和可见光对抗。其中,激光中虽然包括红外和可见光,但由于其特性不同于普通红外和可见光,因此将其单独归类为激光对抗。光电波段分布示意图如图 4.1 所示。

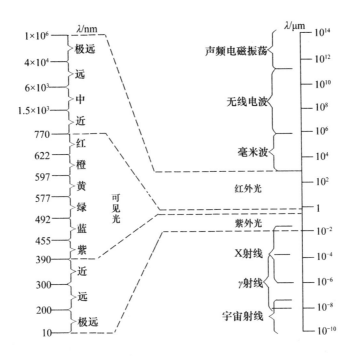

图 4.1 光电波段分布示意图

光电对抗按装备功能分类,可分为光电侦察告警、光电干扰和反光电侦察与干扰。

光电侦察告警是指利用光电技术手段对敌方光电装备辐射或散射的光波信号进行搜索、截获、定位及识别,并迅速判别威胁程度,及时提供情报和发出告警。光电侦察告警有主动侦察告警和被动侦察告警两种方式。主动侦察告警是利用敌方光电装备的光学特性而进行的侦察,即向对方发射光束,再对反射回来的光信号进行探测、分析和识别,从而获得敌方情报的一种手段;被动侦察告警是指利用各种光电探测装置截获和跟踪敌方光电装备的光辐射,并进行分析和识别以获取敌方目标信息情报的一种手段。光电侦察告警是实施有效干扰的前提。

光电干扰是指采取某些技术措施破坏或削弱敌方光电装备的正常工作,以达到保护己方目标的一种干扰手段。

光电干扰分为有源干扰和无源干扰两种方式。有源干扰又称为主动干扰，它利用己方光电装备发射或转发敌方光电装备相应波段的光波，对敌方光电装备进行压制或欺骗干扰；无源干扰也称为被动干扰，它利用特制器材或材料，反射、散射和吸收光波能量，或人为地改变己方目标的光学特性，使敌方光电装备效能降低或被欺骗而失效，从而保护己方目标。

反光电侦察与干扰是指为防御敌方对己方光电装备的发现、探测和干扰所采取的对抗措施。光电对抗技术体系如图 4.2 所示。

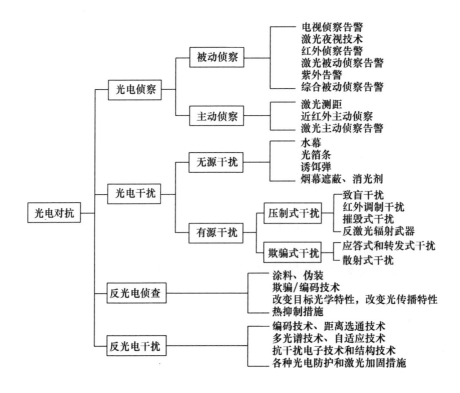

图 4.2　光电对抗技术体系

4.2　光电有源干扰技术

光电有源干扰可以分为可见光有源干扰、红外有源干扰和激光有源干扰，相应地有红外干扰、红外有源干扰、强激光干扰和激光欺骗干扰等技术。

4.2.1 红外干扰弹

红外干扰弹也称为红外诱饵弹或红外曳光弹。随着 20 世纪 50 年代红外制导导弹的服役和不断发展，红外干扰弹在五十多年的实战运用中证明了自己具有有效、可靠性高、廉价、效费比高等突出优点。几十美元的红外诱饵弹，往往能使几万、十几万美元的红外点源制导导弹失效。它是目前应用最广泛的红外干扰器材之一。

1. 红外干扰弹的分类和组成

红外干扰弹按其装备的作战平台可分为机载红外干扰弹和舰载红外干扰弹。按功能来分，又可分为普通红外干扰弹、气动红外干扰弹、微波和红外复合干扰弹、可燃箔条弹、无可见光红外干扰弹、红外和紫外双色干扰弹、快速充气的红外干扰气囊等具有特定或针对性干扰功能的红外干扰弹。

红外干扰弹由弹壳、抛射管、活塞、药柱、安全点火装置和端盖等零部件组成。弹壳起到发射管的作用并在发射前对红外干扰弹提供环境保护。抛射管内装有火药，由电底火起爆，产生燃气压力以抛射红外诱饵。活塞用来密封火药气体，防止药柱被过早点燃。安全点火装置适时点燃药柱，并保证在膛内不被点燃。

2. 红外干扰弹的干扰原理

红外干扰弹是一种具有一定辐射能量和红外光谱特性的干扰器材，用来欺骗或诱惑敌方的红外侦测系统或红外制导系统。投放后的红外干扰弹可使红外制导武器在锁定目标之前锁定红外干扰弹，致使其制导系统跟踪精度下降或被引离攻击目标。

红外干扰弹被抛射后，点燃红外药柱，燃烧产生高温火焰，并在规定的光谱范围内产生强的红外辐射。普通红外干扰弹的药柱由镁粉、聚四氟乙烯树脂等组成，通过化学反应使化学能转变为辐射能，反应生成物主要有氟化镁、碳和氧化镁等，其燃烧反应温度高达 $2\,000 \sim 2\,200$ K。典型红外干扰弹配方的辐射波段为 $1 \sim 5$ μm，在真空中燃烧时产生的热量大约是 7 500 J/g。

红外制导导弹的控制部分通常由红外导引头和舵机组成。导引头的红外探测器能探测到红外辐射信号，从而截获、跟踪并攻击目标。目前装备的红外制导导弹多数是被动点源探测、比例导引的制导机制。当在其导引头视场内出现多个目标时,它将跟踪等效辐射中心(又称矩心)。设导引头已经跟踪上目标,对应光点 A,此时目标上投放出一枚红外干扰弹诱饵,对应的光点为 C 点,其辐射强度比目标的辐射强度大很多,如图 4.3 所示。当红外诱饵和目标同时出现在导引头视场内时,导引头跟踪二者的等效辐射中心。由于诱饵的红外辐射强度远远大于真目标,设诱饵红外辐射强度比目标红外辐射强度大一倍,则 AB 为 BC 距离的两倍,所以矩心 B 偏向诱饵一边,而且与真目标的距离越来越远。直到真目标从导引头的视场内消失,这时导引头就只跟踪辐射强度大的诱饵了。

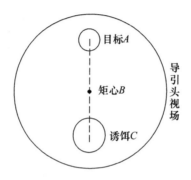

图 4.3　红外干扰弹干扰示意图

下面以导引头采用"旭日升"调制盘为例说明红外干扰弹干扰导弹制导的机理。当导引头已经跟踪上目标时,对应于已被跟踪的飞机的光点 A,在调制盘上应为一个直流信号;假设视场里只有红外诱饵,对应的光点 C 在调制盘上是一个梯形波信号。由于导弹传感器只有一个,因此传感器的实际输出波形为两个辐射透过调制盘的能量总和。当 C 点进入调制盘不透明区时,传感器的输出只有 A 点直流信号。当 C 点进入调制盘透明区时,传感器的输出在直流信号的基础上叠加梯形波信号。导弹要立即调整姿态,让系统回到"跟踪"状态,显然破坏了原来真正的跟踪状态。这样导弹就脱离了原来已跟踪飞机的方向,转而偏向红外诱饵一侧。

在导引头视场里同时出现飞机和红外诱饵两个信号源时,探测器探测到的辐射变化函数可写为

$$P_\mathrm{d}(t) = Am_\mathrm{rt}(t) + Bm_\mathrm{rt}(t) \tag{4.1}$$

$$m_{rt}(t) = \frac{1}{2}[1 + \alpha m_t(t)\sin\omega_c t] \quad (4.2)$$

$$m_{rj}(t) = \frac{1}{2}[1 + \beta m_t(t)\sin\omega_c t] \quad (4.3)$$

式中，A 为目标在导弹响应波段内的辐射功率；B 为诱饵在导弹响应波段内的辐射功率；α 为对调制盘目标像点位置或（跟踪误差）范围的比率；β 为对调制盘诱饵像点位置或（跟踪误差）范围的比率；$m_{rt}(t)$ 为目标选通函数；$m_{rj}(t)$ 为诱饵选通函数；ω_c 为载波频率。

$m_{rt}(t)$ 和 $m_{rj}(t)$ 的傅立叶展开式为

$$m_t(t) = \frac{1}{2} + \frac{2}{\pi}\sum_{n=0}^{\infty}\sin[(2n+1)\omega_c t] \quad (4.4)$$

$$m_j(t) = \frac{1}{2} + \frac{2}{\pi}\sum_{n=0}^{\infty}\sin[(2n+1)\omega_c t + \Phi_j] \quad (4.5)$$

式中，Φ_j 是 $m_j(t)$ 相对于 $m_t(t)$ 的相位差。把式（4.2）、式（4.3）代入式（4.1），得

$$P_d(t) = \left[\frac{A}{2} + \frac{\alpha A}{2}m_t(t)\sin\omega_c t\right] + \left[\frac{B}{2} + \frac{\beta B}{2}m_j(t)\sin\omega_c t\right] \quad (4.6)$$

载频放大器为带通选频放大器，它的输出可近似地表示为

$$S_c(t) = \left[\frac{\alpha A}{2}m_t(t)\sin\omega_c t\right] + \left[\frac{\beta B}{2}m_j(t)\sin\omega_c t\right] \quad (4.7)$$

载频调制的包络为

$$S_c(t) = \frac{\alpha A}{2}m_t(t) + \frac{\beta B}{2}m_j(t) \quad (4.8)$$

包络信号由导引头中进动放大器做放大处理。信号包络以角频率 $\omega_m t$ 旋转，所以导引头驱动信号可表示为

$$P_d(t) = \left[\frac{\alpha A}{2}m_t(t)\sin\omega_m t\right] + \left[\frac{\beta B}{2}m_j(t)\sin(\omega_m t + \Phi_j)\right] \quad (4.9)$$

如果在相位函数中取信号 $\sin\omega_m t$ 为参考信号，且水平方向上 $\Phi_j = 0$，则在相位函数中得到探测器误差信号的输出功率相函数为

$$P_d(t) = \frac{\alpha A}{2} + \frac{\beta B}{2}\exp\Phi_j \quad (4.10)$$

式（4.10）表明，当导引头视场里有红外诱饵时，中心不再是平衡点，导

弹不再跟踪目标，跟踪误差变化取决于目标在导弹响应波段内的辐射功率 A 与诱饵在导弹响应波段内的辐射功率 B 的比值以及红外诱饵与目标的相位差 Φ_j。由于红外诱饵不断地远离目标，该误差变化率也变得越来越大。

3. 红外干扰弹的技术要求

红外干扰弹能有效地干扰红外导引头，它的性能要满足以下技术要求：

①辐射光谱特性与目标相近。红外导弹的工作波段是根据目标的光谱特性和大气窗口等因素进行选择的。因此红外干扰弹要尽可能使其光谱分布在导引头工作波段内最强。表 4.1 给出了国外几种红外点源制导防空导弹的光谱波段。典型红外诱饵的燃烧光谱通常在 $1\sim3~\mu m$ 及 $3\sim5~\mu m$ 波段，舰载红外干扰弹的光谱可以达到 $8\sim14~\mu m$。

表 4.1　国外几种红外点源制导防空导弹的光谱波段

序号	型号	波长/μm
1	AIM 9B（美）	1.8~3.2
2	AIM 9E（美）	2.2~3.4
3	AIM 9D（美）	2.8~4.0
4	MATRA-R-530（法）	3.5~5.3
5	RED-TOP	3.0~5.3
6	SRAAM	4.1~4.9

②光谱辐射强度大。光谱辐射强度应大于目标对应的光谱辐射强度，二者比值越大，矩心越靠近红外干扰弹，目标移出视场越快。一般二者比值在 2~4 之间。

③点燃时间短。空对空红外导弹的发射距离有的大于 2 km，而导弹速度往往为 850 m/s，因此要求红外诱饵离开飞机后尽快燃放出足够强的光谱辐射强度。从点燃到燃烧到能量最大值的 90% 所需时间称为上升时间用 t_r 表示，该时间基本上都控制在 0.2~0.25 s。t_r 小于 0.2 s 不可取，因为点火后，红外干扰弹要从装载飞机舱内的弹夹中弹出，必须保证弹出飞机外所需时间，否则会发生安全事故。当然，保护军舰的红外诱饵对 t_r 的最小值没有严格要求。

④足够长的燃烧持续时间。燃烧持续时间是指诱饵从燃烧到最大强度起到强度减弱到最大值的 10% 时经过的时间,用 t_m 表示。理论上 t_m 越长越好。机载红外干扰弹的 t_m 一般在 4~4.5 s。保护水面舰艇的红外干扰弹的 t_m 一般要求大于 40 s。

4. 机载红外干扰弹的弹道特性

一般红外干扰弹是没有动力的,它被抛出后在重力和空气阻力等合力作用下运动。做一些假设可以列出其动力学方程:设飞机在投弹时刻做匀速直线运动,红外干扰弹相对于飞机的抛离速度为 v_0,抛出角为 α(飞机飞行方向与红外干扰弹抛出方向之间的夹角),如图 4.4 所示。由于红外干扰弹很快烧蚀而质量迅速变化,烧蚀时温度高达 2 000 K 以上,其周围空气加热的对流对它有影响,以及飞机尤其是喷气飞机的气流对弹的影响等,它的运动方程变得很复杂。实际工程中,干扰弹的 α 和 v_0 两个参数非常重要。如果 α 和 v_0 过小,由于靠近飞机下表面相当厚度的空气密度很大,若红外干扰弹不能穿过这个厚度的空气,有可能造成红外干扰弹贴在机尾而酿成事故;如果 α 和 v_0 过大,由于导引头视场很小,很可能在诱饵尚未形成干扰时就飞出视场而使干扰无效。

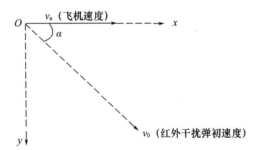

图 4.4 干扰弹投掷方向示意图

5. 新型红外干扰弹

"道高一尺,魔高一丈",这是对抗与反对抗永恒的法则。红外制导导弹为了不受红外干扰弹干扰,采取了变视场等方法。例如,北大西洋公约组织装备的一种红外点源制导弹,它具有以下功能:一旦导弹视场中出现两个光点(目标和干扰弹),立即从原来的 1.60 视场变为 0.80 视场。根据红外诱饵受初速和重力影响而向下方运动的特点，对视场内两个光点移动做一下判断，确定对准哪个目标。即使飞机也做向下俯冲运动，但由于两者轨迹差别很大，也容易判别目标和诱饵。为了有效干扰新型红外点源制导导弹，近年来又发展了新型红外干扰弹。

(1) 拖曳式红外干扰弹。

拖曳式红外干扰弹由控制器、发射器和诱饵3部分组成。飞行员通过控制器控制诱饵发射。诱饵发射后，拖曳电缆一头连着控制器，另一头拖曳着红外诱饵载荷。诱饵由许多1.5 mm厚的环状筒组成，筒中装有由燃烧材料做成的薄片。当薄片与空气中的氧气相遇时就发生自燃。薄片分层叠放于装有螺旋释放器和步进电机的燃烧室内。诱饵工作时圆筒顶端的盖帽被弹出，步进电机启动，活塞控制螺杆推动薄片陆续进入气流之中。诱饵产生的红外辐射强度由步进电机转速来调节。转速越高，单位时间内暴露在气流中的自燃材料就越多，红外辐射就越强；反之亦然。由于战术飞机发动机的红外特征是已知的，不难通过电机转速的控制产生与之相近的辐射。在面对两个目标时，有的导引头跟踪其中较"亮"者，而有的则借助于门限作用跟踪其中较"暗"者。针对这点，诱饵被设计成以"亮—暗—亮—暗"的调制方式工作，以确保其功效。薄片的释放快慢还与载机飞行高度、速度等有关，其响应数据已被存储在计算机内，供作战时调用。

(2) 气动红外干扰弹。

针对先进的红外制导导弹能区分诱饵和目标的特点，红外干扰弹增加了气动或推进系统，从而构成了一种新型的气动红外干扰弹。气动红外干扰弹投放后可在一段时间内与飞机并行飞行，使红外制导导弹的反诱饵措施失效。气动红外干扰弹通过对常规红外诱饵的结构的改动，来改进其空气动力特性，进而改变红外诱饵发射后的弹道。图4.5 给出一种改进后的气动红外干扰弹的结构。

药剂在一个多边形柱腔内燃烧，燃烧产物由壳体送出。该壳体上安装了鳍板，它们可调整药柱的方向，使其与飞行方向平行，从而减小阻力，达到改善干扰弹弹道性能的目的。同时，燃烧产物是向干扰弹后部排出的，这也有利于弹道性能的改善。另外，还可以通过增加壳体金属构件的质量改善弹道。

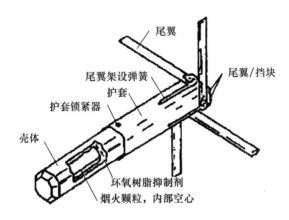

图 4.5　一种改进后的气动红外干扰弹的结构

如果在干扰弹上另外再加一个固体发动机来增加推力,则可有效地改善其弹道性能。如果推力足够大,甚至可使干扰弹飞向飞机前方。这种伴飞红外诱饵飞行轨迹可与飞机相仿,导弹很难区分真伪。

(3) 喷射式红外干扰弹。

飞机接收到导弹威胁告警后,自行启动专用喷射系统(亦可在报警器发出警报时就直接启动),将燃料喷射到载机的尾喷气流中。燃料在高温热气流中蒸发并与空气中氧气混合,在机后一定距离上迅速燃烧形成一个燃烧区。随着飞机前行,不断向燃烧区喷射燃料,产生一个与载机保持一定距离但具有相同运动轨迹的燃烧区。燃烧区的红外辐射光谱与载机尾喷焰相同或相近,但强度可能更高。这就是一个很好的"伴飞"诱饵。它将把敌红外导弹引向由燃烧区和尾喷焰形成的等效能量中心。

(4) 干扰成像制导导弹的面源红外诱饵。

面源红外诱饵能在预定空域形成大面积红外干扰"云",这种"云"不仅能模仿被保护体的红外辐射光谱,还能模仿其空间热图像轮廓和能量分布,造成一个假目标,以欺骗敌方成像制导导引头。

面源红外诱饵系统应满足以下技术条件:

① 辐射光谱与被保护目标相同或相近。例如,用于舰艇、坦克的此类诱饵必须在 $3\sim5\ \mu m$, $8\sim14\ \mu m$ 波段具有与舰艇、坦克相同或相近的热图。

② 在主要成像波段的辐射强度比被保护目标高若干倍,以形成更强的

图像。

③有足够的燃烧时间，使敌导弹不能重新锁定目标。若燃烧时间不够，可以连续发射。

④有高精度方向系统引导发射，使诱饵完全位于敌成像寻的器的视场内。

当面源诱饵与被保护目标的热图像同时出现在敌成像寻的器视场时，二者的合成图像共同形成"目标"信息。无论敌传感器采用中心跟踪（形心或矩心跟踪）、边缘跟踪、特征序列匹配或相关跟踪算法，都是针对合成图像进行计算的。由于面源诱饵与被保护体在空间的分离，二者图像不可能完全重合，这就必然造成跟踪计算的错误，加之诱饵图像的辐射强度比被保护目标图像更强，因此不管用哪种算法提供的跟踪指令都更偏向于诱饵。由于相对运动，诱饵与被保护目标必定逐渐远离，综合效果是导引头渐渐把导弹引向诱饵，而被保护目标却逐渐被挤向导引头视场边缘，最终从视场中消失，使导弹完全跟踪诱饵。

面源诱饵已成为对抗红外成像制导武器的重要手段，其效果与投放速度、方向、点燃时间、持续时间及导弹视场、速度等因素有关。美国海军的"多级烟云（Multicloud）"红外诱饵已研制出两种型号：其一是烟火材料型；另一种是用现有 MK245 装药，采用专制飘浮部件，按一定时间间隔垂直布放空爆弹药，产生热烟云、热颗粒和扩散气体，歪曲舰船的红外图像，使图像矩心远离舰船。这样，敌方基于成像导引的反舰导弹无论采用哪种跟踪机制（边缘检测、矩心检测、相关匹配），都会得到错误信息。

4.2.2 激光欺骗干扰技术

激光欺骗干扰通过发射、转发或反射激光辐射信号，形成具有欺骗功能的激光干扰信号，扰乱或欺骗敌方激光测距、观瞄、跟踪或制导系统，使其得出错误的方位或距离信息，从而极大地降低了光电武器系统的作战效能。

激光有源欺骗式干扰的价值体现在其相关性和低消耗性上。为实现有效的欺骗干扰，要求干扰信号必须与被干扰目标的工作信号具有多重相关性，这些相关性包括：

（1）特征相关性。激光干扰信号与被干扰目标的工作信号在特征上必须完全相同，这是实现欺骗干扰的最基本条件。信号特征包括激光信号的频谱、体制（连续或脉冲）、脉宽、能量等级等激光特征参数。

（2）时间相关性。激光干扰信号与被干扰目标的工作信号在时间上相关。这要求干扰信号与被干扰目标的工作信号在时间上同步或包含与其同步的成分，这是实现欺骗干扰的一个必要条件。

（3）空间相关性。激光干扰信号与被干扰目标的工作信号在空间上相关。干扰信号必须进入被干扰目标的信号接收视场，才能达到有效的干扰目的，这是实现欺骗干扰的另一个必要条件。

此外，激光欺骗式干扰以激光信号为诱饵，除消耗少量电能外，几乎不消耗任何其他资源，干扰设备可长期重复使用，因而具有低消耗性。

1. 激光欺骗干扰的分类和组成

按照原理和作用效果的不同，激光欺骗干扰可分为角度欺骗干扰和距离欺骗干扰两种类型。其中，角度欺骗干扰应用较多，干扰激光制导武器时多采用有源方式；距离欺骗干扰目前主要用于干扰激光测距机。

2. 角度欺骗干扰

对制导武器的干扰通常是角度欺骗干扰。干扰系统通常由激光告警、信息识别与控制、激光干扰机和漫反射假目标等设备组成。激光欺骗干扰系统的组成框图如图4.6所示。

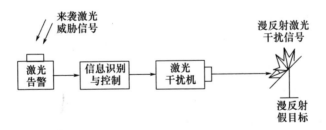

图 4.6 激光欺骗干扰系统的组成框图

激光欺骗干扰系统的工作过程是：激光告警设备对来袭的激光威胁信号进行截获，信息识别与控制设备对该信号进行识别处理并形成与之相关的干扰信号，输出至激光干扰机，发射出受调制的激光干扰信号，照射在漫反射假目标上，即形成激光欺骗干扰信号，从而诱骗激光制导武器偏离方向。图4.7所示为激光欺骗干扰过程示意图。

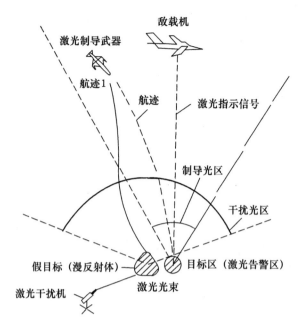

图 4.7 激光欺骗干扰过程示意图

激光有源欺骗干扰可分为转发式激光有源干扰和编码识别式激光有源干扰两种。

（1）转发式激光有源干扰。

半主动激光制导武器要想精确击中目标，激光指示器必须向目标发出足够强的激光编码脉冲。该激光脉冲信号被设置在目标上的激光有源干扰系统中的激光接收机接收到，经实时放大后立即由己方激光干扰机进行转发，让波长相同、编码一致、光强一定的激光通过设置的漫反射假目标射向导引头，并被导引头接收。此时导引头收到两个相同的编码信号：一个是己方激光指示器发出的被目标反射回来的信号；另一个是干扰激光经过漫反射体反射过来的信号。两个信号的特征除光强上有差异之外，其他参数一致。一般半主动激光制导武器采用比例导引体制，因此它受干扰后的弹轴指向目标和漫反射板之间的比例点，从而达到把激光平主动制导武器引开的目的。转发式干扰不仅要求干扰激光器的重频高，而且要求出光延迟时间尽量短。

（2）编码识别式激光有源干扰。

由于转发式激光有源干扰存在着一定的延时（从接收敌方激光信号到发出

激光干扰脉冲，有一个较长时间的延时），因此这种干扰方式很容易被对抗掉，只要在导引头上采取简单波门技术就可把转发来的激光信号去掉。编码识别式激光有源干扰克服了上述不足。它在敌方照射目标的头几个脉冲中，经计算机解算，把敌方激光指示器发出的激光编码参数完全破译出来，并按照已破译的参数完全复制成干扰激光脉冲，让该激光脉冲通过假目标射向导引头，使导引头同时收到不同方向的两个除幅值外其他参数都相同的激光信号。导弹仍按比例导引体制制导，使导弹偏离原弹道，达到干扰目的。这种干扰只要使两个脉冲同时进入导引头波门，理论上导引头就很难区分真伪。实际的激光有源欺骗式干扰系统常将转发式干扰和编码识别式干扰组合使用。典型的激光欺骗干扰系统有美国的 AN/GLQ-13 车载式激光对抗系统和英德联合研制的 GLDOS 激光对抗系统。AN/GLQ-13 系统采用转发式激光有源干扰模式，通过对激光威胁信号有关参数的识别与判断，实施相应对抗。GLDOS 系统具有对来袭威胁目标的方位分辨能力和威胁光谱的识别能力，可测定激光威胁信号的重复频率和脉冲编码，并可自动实施干扰。

3. 距离欺骗干扰

激光测距机是当前装备得最为广泛的一种军用激光装置，其测距原理是利用发射激光和回波激光的时间差值与光速的乘积来推算目标的距离。对激光测距机实施欺骗干扰通常采用高频激光器作为欺骗干扰机，下面为其具体干扰过程。

为了降低虚警，激光测距机都设有距离波门。测距机距离波门的工作方式如下：一开始当测距机测得目标回波后，系统就从大距离范围（300 m ~ 10 km）的搜索状态自动转到窄距离选通的跟踪波门状态。如图 4.8（a）所示，τ 为波门宽，它的大小与目标的运动相对速度有关，实际 τ 的大小体现了波门的距离大小。此时测距机与目标之间的距离 $R_0 = Tc/2$，T 为发出激光与收到回波之间的时间间隔，c 为光速。此时测距机以反码形式把 R_0 存下来，作为下次测距跟踪波门的基础。现有一个高重频激光干扰机向测距机发射激光脉冲，如图 4.8（b）所示，干扰脉冲在真实回波到来之前已被测距机接收，测距机以该干扰脉冲为基础生成下一次测距的波门跟踪基础，显然波门在时间轴上受干扰脉冲影响而提早出现，每测一次提前 $\Delta\tau$，如图 4.8（c）所示，相当于比真实距离缩短了 r,$r = \Delta \tau c$,因此实现了距离欺骗。

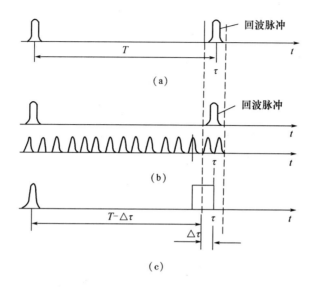

图 4.8 干扰测距机原理示意图

高重频激光的干扰频率与测距机的性能指标有关。设测距机的测距范围为 $R_1 \sim R_2$ ($R_2 \geq R_1$)。根据测距公式,测量时间为 $t = 2R/c$,所以测量时间为 $t_1 = 2R_1/c$,$t_2 = 2R_2/c$。干扰机发出的干扰脉冲至少在测距机波门内进去 2~3 个脉冲。由于敌方测距机的波门宽并不知道,因此考虑到保险系数(取 3),干扰频率 f 应为

$$f \geq 3 \frac{1}{t_1} = \frac{3c}{2R_1} \quad (4.11)$$

激光欺骗干扰的最小功率不但与干扰距离有关,还与干扰激光光束的发散角、敌方测距机参数和气象条件等有关。由于激光干扰机与被保卫目标放在一起,因此干扰激光的视场无须做得很大,一般等于或略大于测距机视场即可。可列干扰方程如下:

$$P_{\min} = \frac{\pi P_s \theta^2 R^2 e^{\sigma R}}{4 A \tau_0} \quad (4.12)$$

式中,P_s 为激光测距机的最小可探测功率;θ 为干扰激光光束发散角;σ 为传输路径激光大气平均衰减系数;A 为激光测距机的光学有效接收口径;τ_0 为激

光测距机的光学系统透过率；R 为最远干扰距离。

激光测距机的参数往往可以估算。例如，P_s 约为 10^{-8} W 时，激光干扰的最小功率约为 10 mW。

4. 激光欺骗干扰的关键技术和发展趋势

激光有源欺骗干扰的关键技术主要有：

（1）多波长激光威胁信号识别技术。随着激光制导技术的发展，激光目标指示信号的频谱将不断拓宽，只具有单一激光波长对抗能力的激光干扰系统将难以适应战场的需要，而激光威胁光谱识别技术是实现多频谱对抗的先决条件。采用多传感器综合告警技术可对激光威胁进行光谱识别。

（2）来袭激光信息识别处理技术。为实现有效的激光欺骗干扰，需对来袭激光威胁信号的形式进行识别和处理。激光制导信号频率较低，不到 20 Hz，采用编码形式识别信息量十分有限。为实现实时性干扰，采用激光威胁信息时空相关综合处理技术。

（3）激光欺骗干扰光源技术。半主动激光制导武器为了不受对方干扰，往往采用反对抗措施，如变码、伪随机码或变波长等。这就给对抗一方提出了更高要求，于是就出现了自适应激光有源干扰技术。1988 年，英国报道了一个干扰系统，同时具备 3 种波长激光器供干扰时选择。另外还出现了一种可调谐激光器，其波长在一定范围内连续可变，以对抗变波长激光指示器。

（4）漫反射假目标技术。激光漫反射假目标应具有耐风吹、耐雨淋、耐日晒、耐寒冷等全天候工作特性，而且具有标准的朗伯漫反射特性。同时，它还应具有廉价、可更换使用的功能。

理想的漫反射假目标为朗伯余弦体材料做成的漫反射板。然而从实战角度出发，往往应采用更实际的方法。

①以地面上任意岩石、土堆为假目标。即使是朗伯余弦体假目标，它也具有方向性，如果敌方导弹从另一方向来袭，就需要换角度或换一块板。用地面地物做反射体可克服上述困难。实际上粗糙地面对激光的平均反射率在 0.3 ~ 0.45 之间。当导弹还比较远时，干扰激光照在目标附近的地面上，随着时间的推延，干扰激光照射点以一定速度不断地离开目标，直到一定远处为止。这样把导弹一点一点地引开，效果也比较理想。

②水面假目标。从上面的叙述可以发现这类激光欺骗干扰都需要假目标。地面上对抗设备的假目标布设以地面地物为假目标,相对来说比较方便,然而对水面舰艇而言,假目标是个问题。如果用四周海水作为假目标,尽管海水的反射系数有时较高,但它往往会是镜面反射,方向性很强,不能做漫反射假目标。军舰前进时,螺旋桨激起的水花在舰后留下一条长长的水花航迹,利用杂乱无章的海水水花对激光的反射特性把干扰激光照射在舰后几十米远处的水花上,从水花表面反射出去的激光充满了半球空间,实际效果并不比陆地上使用的地面漫反射假目标差。

③空中假目标。空中激光假目标也称为空中激光陷阱。它实际上由激光高反射材料做成的轻而小的薄片组成,每个小薄片就是激光反射中心。大量的这种片状材料填装在炮弹内,一旦发现激光威胁,就以一定射速、射角抛向空中,炸后形成一个半径一定的云团悬浮在空中并随风飘动。干扰激光经高反射材料组成的云团反射,充满整个球空间,而且由近及远慢慢离开,导引头也随着逐渐偏离原弹道。

多光谱综合干扰技术是激光欺骗干扰技术发展的必然趋势。另外,国内外正在积极研究激光驾束制导、激光主动制导的欺骗干扰技术。

4.3 光电无源干扰技术

光电无源干扰技术是通过采用无源干扰材料或器材改变目标的电磁波反射、辐射特性,降低保护目标和背景的电磁波反射或辐射差异,破坏和削弱敌方光电侦测和光电精确制导武器系统正常工作的一种手段。光电无源干扰技术以遮蔽技术、融合技术和示假技术为核心,以"隐真""示假"为目的。"隐真"即为隐蔽或降低目标的显著特征,以减少探测、识别和跟踪系统接收的目标信息;"示假"就是显示假目标,迷惑、欺骗侦察识别系统,降低其对真目标的探测、识别概率,使其以假当真。光电无源干扰技术主要包括烟幕干扰技术、光电隐身技术和光电假目标技术。

4.3.1 烟幕干扰

烟幕是由在空气中悬浮的大量细小物质微粒组成的,是以空气为分散介质的一些化合物、聚合物或单质微粒为分散相的分散体系，通常称为气溶胶。气溶胶微粒有固体、液体和混合体之分。烟幕干扰技术就是通过在空中施放大量气溶胶微粒来改变电磁波的介质传输特性，以实施对光电探测、观瞄、制导武器系统干扰的一种技术手段，具有"隐真"和"示假"双重功能。

用烟幕做无源干扰早在第一次世界大战时就已出现在战场中。现代战争中烟幕的作用越来越大，应用频率也越来越高，已经从早期对抗可见光波段发展到可以对抗紫外、微光、红外，甚至扩展到对抗毫米波波段。

1. 烟幕干扰的分类

烟幕从发烟剂的形态上分为固态和液态两种。常见的固态发烟剂主要有六氯乙烷-氧化锌混合物、粗蒽-氯化铵混合物、赤磷及高岭土、滑石粉、碳酸氢铵等无机盐微粒。液态发烟剂主要有高沸点石油、煤焦油、含金属的高分子聚合物、含金属粉的挥发性雾油以及三氧化硫-氯磺酸混合物等。

烟幕从施放形成方式上大体可分为升华型、蒸发型、爆炸型、喷洒型4种。升华型发烟过程是利用发烟剂中可燃物质的燃烧反应，放出大量的热能，将发烟剂中的成烟物质升华，在大气中冷凝成烟。蒸发型发烟过程是将发烟剂经过喷嘴雾化，再送至加热器使其受热、蒸发，形成过饱和蒸气，排至大气冷凝成雾。爆炸型发烟过程是利用炸药爆炸产生的高温高压气源，将发烟剂分散到大气中，进而燃烧反应成烟或直接形成气溶胶。喷洒型发烟过程是直接加压于发烟剂，使其通过喷嘴雾化，吸收大气中的水蒸气形成雾或直接形成气溶胶。

烟幕从战术使用上分为遮蔽烟幕、迷盲烟幕、欺骗烟幕和识别烟幕4种。遮蔽烟幕主要施放于我军阵地或我军阵地和敌军阵地之间，降低敌军观察哨所和目标识别系统的作用，便于我军安全地集结、机动和展开，或为支援部队的救助及后勤供给、设施维修等提供掩护。迷盲烟幕直接用于敌军前沿，防止敌军对我军机动的观察，降低敌军武器系统的作战效能，或通过引起混乱和迫使敌军改变原作战计划，干扰敌前进部队的运动。欺骗烟幕用于欺骗和迷惑敌军，常与前两种烟幕综合使用，在一处或多处施放，干扰敌军对我军行动意图的判断。识别烟幕主要用于标识特殊战场位置和支援地域，或用作预定的战场通信联络信号。

从干扰波段上分类，烟幕可分为防可见光、近红外常规烟幕，防热红外烟幕，防毫米波、微波烟幕和多频谱、宽频谱及全频谱烟幕。

2. 烟幕的干扰机理

现代烟幕干扰技术主要是通过改变电磁波的传输介质特性来干扰光电侦测和光电制导武器的。例如，对激光制导武器的干扰，烟幕可以使激光目标指示器的激光束或目标反射的激光束的能量严重衰减，激光导引头接收不到足够的光能量，从而失去制导能力。另外，烟幕还可以反射激光能量，起到假目标的作用，使导弹被引诱到烟幕前爆炸。烟幕对可见光有遮蔽效应，根本原因是烟幕对光产生散射和吸收，造成目标射来的光线衰减而使观察者看不清目标；而且由于烟幕反射太阳和周围物体的辐射、反射光，增加了自身的亮度，降低了烟幕后面目标与背景的视觉对比度。

烟幕对红外辐射的作用机制主要包括辐射遮蔽和衰减遮蔽两方面。辐射遮蔽是指烟幕利用本身燃烧反应生成的大量高温气溶胶微粒辐射出更强的红外辐射，将目标及背景的红外辐射遮盖，干扰热成像或其他探测设备的正常显示。

衰减作用是烟幕干扰的最主要的作用，凭借烟幕中多达 $10^9/cm^3$ 数量级的微粒对目标和背景的红外辐射产生吸收、散射和反射作用，使进入红外探测器的红外辐射能低于系统的探测门限，从而保护目标不被发现。烟幕粒子的直径等于或略大于入射波长时，其衰减作用最强。当烟幕质量密度达到 $1.9\ g/m^3$ 时，对红外辐射能削弱90%以上，浓度更高时，甚至可以完全屏蔽掉目标发射和反射的红外信号。普通烟幕对 $2\sim 2.6\ \mu m$ 红外光干扰效果较好，对 $3\sim 5\ \mu m$ 红外光有干扰作用，而对 $8\sim 14\ \mu m$ 红外光则不起作用。在烟幕中加入特殊物质，其微粒的直径与入射波长相当，可以扩展对所有波段的红外光的干扰作用，如在普通的六氯乙烷烟火剂中加入10%～25%聚氯乙烯、煤焦油等化合物，可使发烟剂燃烧后生成大量直径为 $1\sim 10\ \mu m$ 的碳粒，从而提高烟幕对 $3.2\ \mu m$ 以上红外辐射的吸收能力。

从经典电子论角度看，在入射辐射作用下，构成烟幕粒子的原子或分子发生极化，并按入射辐射的频率做强迫振动，此时可能产生两种形式的能量转换。

(1) 入射辐射能转换为原子或分子的次波辐射能。在均匀连续介质中，这些次波叠加的结果使光只在折射方向上继续传播下去，在其他方向上因次波的干涉而相互抵消，所以没有散射效果。在非均匀介质中，由于不均匀质点破坏了次波的相干性，使其他方向出现了散射光，因此在入射辐射的原传播方向上会出现辐射能的减弱。

（2）入射辐射转换为粒子的热能。当原子或分子在入射辐射作用下产生共振吸收时，入射辐射被粒子大量吸收转换为热能而衰减。

对于成像系统，烟幕直接影响跟踪系统的特征提取及特征选择过程。进行特征提取时首先要进行图像分割，目的是将红外图像中的目标和背景分割开。当有烟幕存在时，大灰度级对应的像点数减少，小灰度级对应的像点数增多，总的灰度级数减小。当烟幕的透过率低到一定程度时，灰度级数将趋向于极限值1，这时根据上述原则无法分割图像。

对于矩心跟踪系统，烟幕的存在使目标的亮度产生严重的不均匀变化时，波门会扩大，信息值超过阈值的像元数会变化，从而降低跟踪精度。对于相关跟踪系统，当有烟幕遮蔽目标时，造成实时图像的亮度产生不均匀变化，可使实时图像的亮度分布函数与预存图像的亮度分布函数改变，引起跟踪误差。此外，烟幕的扰动以及图像亮度的不均匀随机变化，使得配准点位置随即漂动，还有一些次峰值会冒充配准点，使系统的跟踪误差进一步加大。影响烟幕遮蔽性能的因素下面几个方面。

（1）入射波长。烟幕的遮蔽性能与入射波长有关，因此从波段上分，烟幕分为可见光（紫外）烟雾和红外烟幕。可见光（紫外）烟幕的发烟颗粒的直径很小；而红外烟幕中的烟幕颗粒烟粒子直径相对比较大。因此根据作战要求的不同，应选择不同种类的烟幕。

（2）粒径大小及分布。烟幕颗粒的大小与衰减系数的大小密切相关。就球形粒子而言，粒径越大，散射截面越大。发烟剂发烟成幕后，粒径并不是大小一样的，而是服从粒径统计分布，即麦克斯韦分布。在利用散射公式计算时所用的粒子半径值是最常见的粒径值。

（3）粒子的形状与空间统计取向。粒子的形状如果不是球形，问题就比较复杂，往往很难精确计算。研究者已对粒子呈现的形状做了分类，如球形、椭圆形、圆柱形和圆盘形，并分别建立了理论模型，对粒子的散射性能进行了描述。许多烟幕材料根据采样形状选取相近理论模型进行计算，并与实验结果进行比较。除球形粒子外，不同形状粒子在空间形成烟幕后，粒子散射面的法线方向在空中也有一个统计分布，该统计值与散射的角分布关系十分密切。某些高反材料，就是由许多微小薄片组成的。片本身的质量不是均匀分布的，片的矢径为几微米到几十微米，片表面对各种波长的反射率较高，它的法线的空间统计取向大致均等，这样的材料做漫反射体十分理想，在 4π 球面度上的散射强度差不多。

（4）粒子的表面性质。粒子的表面性质是光滑还是粗糙将在很大程度上影响散射特性。例如，有一种沥青，加氧化剂燃烧后会产生大量直径在几微米到几十微米的液滴状碳微粒，表面十分粗糙。如果由一定密度的这种微粒组成烟雾做遮蔽烟幕，则入射光与它的作用不是散射而是以被吸收为主，即使是小部分的反射也是漫反射；而光滑表面往往会形成镜面反射。

（5）组成粒子材料的折射率。在推导散射公式中可以看到，材料的折射率对衰减特性有显著影响。

（6）粒子密度。不论是瑞利散射还是迈以散射，粒子体密度都直接影响散射系数，粒子体密度越大，衰减越大。

4.3.2 光电隐身

隐身技术又称为低可探测技术，是通过减弱自身的信号特征，降低被探测、识别、跟踪和攻击的概率，来达到隐蔽自我的目的。光电隐身技术是减小被保护目标的某些光电特性，使敌方探测设备难以发现或使其探测能力降低的一种光电对抗手段。

1. 光电隐身技术的分类

根据原理和应用的不同，光电隐身分为可见光隐身、红外隐身、激光隐身和等离子体隐身等。可见光侦察设备利用目标反射的可见光进行侦察，通过目标与背景间的亮度对比和颜色对比来识别目标；而可见光隐身就是要消除或减小目标与背景之间在可见光波段的亮度与颜色差别，降低目标的光学显著性。红外侦察是通过测量、分析目标与背景红外辐射的差别来发现目标的；而红外隐身就是要利用屏蔽、低发射率涂料及军事平台辐射抑制的内装式设计等措施改变目标的红外辐射特性，降低目标和背景的辐射对比度，从而降低目标的被探测概率。激光隐身就是要消除或削弱目标表面反射激光的能力,从而降低敌方激光侦测系统的探测、搜索概率,缩短敌方激光测距、指示、导引系统的作用距离。

2. 可见光隐身技术

目标表面材料对可见光的反射特性是影响目标与背景之间亮度及颜色对比的主要因素,同时,目标材料的粗糙状态和表面的受光方向也直接影响目标与背景之间的亮度及颜色差别。因此,可见光隐身通常采用下面两种技术手段。

(1)涂料迷彩。

任何目标都处在一定背景上,目标与背景又总是存在一定的颜色差别,迷彩的作用就是要消除这种差别,使目标融于背景之中,从而降低目标的显著性。按照迷彩图案的特点,涂料迷彩可分为保护迷彩、仿造迷彩和变形迷彩3种。保护迷彩是近似背景基本颜色的一种单色迷彩,主要用于伪装单色背景上的目标;仿造迷彩是在目标或遮障表面仿制周围背景斑点图案的多色迷彩,主要用于伪装斑点背景上的固定目标或停留时间较长的可活动目标,使目标的斑点图案与背景的斑点图案相似,从而达到迷彩表面融合于背景之中的目的;变形迷彩是由与背景颜色相似的不规则斑点组成的多色迷彩,在预定距离上观察能歪曲目标的外形,主要用于伪装多色背景下的活动目标,能使活动目标在活动区域内的各色背景下产生伪装效果。

迷彩伪装并不是使敌方看不到目标,而是在特定的距离下,通过目标的一部分斑点与背景融合,一部分斑点与背景形成明显反差,分割目标原有的形状,破坏了人眼以往储存的某种目标形状的信息,增加人眼视神经对目标判别的疑问。特别是变形迷彩,改变了目标的形状、大小特征,常可将重要的军事目标改变成不重要的军事目标,或将军事目标改变成民用目标,从而增加敌方探测、识别目标的难度,特别是增加了制导武器操纵人员判别目标的时间和误判率,延误其最佳发射时机。

(2)伪装网。

伪装网是一种通用性的伪装器材。一般来说,除飞行中的飞机和炮弹外,所有的目标都可使用伪装网。伪装网主要用来伪装常温状态的目标,使目标表面形成一定的辐射率分布,以模拟背景的光谱特性,使之融于背景之中;同时在伪装网上采用防可见光的迷彩，可对抗可见光侦察、探测和识别。

伪装网的机理主要是散射、吸收和热衰减。散射型伪装网是在基布中编织不锈钢金属片、铁氧体等，或是在基布上镀涂金属层，然后用对紫外光、可见光、激光具有强烈发射作用的染料进行染色，黏结在基网上，并对基布进行切花、翻花，加工成三维立体状，可以强烈地散射入射的电磁波，使入射方向回波很小，达到隐蔽目标的目的。吸收型伪装网是在基布夹层中填充或编织一定厚度的能强烈吸收从紫外到热红外电磁波段的吸收材料，并采用吸收此种电磁波的染料进行染色，将其黏结在基网上，并对基布进行孔、洞处理，以吸收电磁波或抑制热散发，达到防紫外、可见光、热红外及雷达等系统探测、识别目标的目的。热衰减型伪装网是由织物及金属箔构成的气垫或双层结构，将其与热目标隔开一定的距离，就能有效地衰减和扩散热辐射，将其与紫外、可见光、雷达伪装网配合，构成多层遮障，可达到防全电磁波段侦察和制导的作用。

（3）伪装遮障。

伪装遮障可模拟背景的电磁波辐射特性，使目标得以遮蔽并与背景相融合，是固定目标和运动目标停留时最主要的防护手段，特别适用于有源或无源的高温目标。伪装遮障综合使用伪装网、隔热材料和迷彩涂料等技术手段，是目标可见光隐身、红外隐身的集中体现。

伪装遮障主要由伪装面和支撑骨架组成。支撑骨架具有特定的结构外形，通常采用质量轻的金属或塑料杆件制成，起到支撑、固定伪装面的作用。伪装效果取决于伪装面对电磁波的反射和辐射特性与背景的接近程度，这与伪装面的颜色、形状、材料性质、表面状态及空间位置有关。伪装面主要由伪装网、隔热材料和喷涂的迷彩涂料组成。对常温目标的伪装，在伪装网上喷涂迷彩涂料所制成的遮障即可；对无源或有源高温目标伪装，还需在目标和伪装网之间使用隔热材料以屏蔽目标的热辐射。

3. 红外隐身技术

红外隐身的主要对象是遭受红外制导武器攻击或易被红外侦察告警设备发现、识别的军事目标。军事目标都辐射出红外特征光谱，很容易被卫星的红外多光谱热像仪、高空侦察机及无人机侦察到。军事机动平台由于它的高机动性需要，往往选用了大马力发动机，发动机工作时的发动机罩、喷管的温度往往高达几百度。这些热源正是红外点源或成像制导导弹攻击的目标。降低或改变目标的红外辐射特征，使目标与背景的辐射反差尽可能小，这是红外隐身的基本出发点。以喷气式飞机红外隐身为例，它的主要红外辐射源如图 4.9 所示。

喷气式飞机的自身辐射 { 发动机喷管, 尾焰, 机身蒙皮 }
喷气式飞机的反射辐射 { 阳光的反射与散射辐射, 大气辐射, 地球辐射 }

图 4.9　喷气式飞机的红外辐射源

飞机被红外探测系统发现的距离 R 与飞机的红外辐射强度及大气的透过率两项积的平方根成正比，而飞机的红外辐射强度在 $3\sim5~\mu m$ 波段，主要是飞机发动机喷管和尾焰所发射的辐射。被飞机反射和散射的太阳光在中、远红外波段的辐射强度已不大。值得注意的是，由于目前大部分用来攻击飞机的红外制导武器是以飞机的尾焰作为跟踪点，因此飞机的红外隐身重点在于其尾焰的隐身。

为了缩短被发现的距离，降低被探测到的概率，可采用下面 3 种红外隐身的基本方法。

（1）抑制红外辐射强度。由于飞机发动机喷管和尾焰的温度比环境温度高得多，它是"热"的红外辐射源，因此抑制其红外辐射强度是实现红外隐身的重要手段。

（2）改变红外辐射的波段，使目标的红外辐射波段部分偏离红外探测器的响应波段，或者超出大气"窗口"，也可改变红外辐射的传输途径。

（3）遮盖红外辐射源的辐射。对喷气式飞机及其他航空器来说，实现红外隐身应采取的具体手段有以下几种：

①采用尾焰温度较低的双涵道的涡轮风扇发动机。例如，"战斧"巡航导弹改用涡轮风扇发动机后，红外辐射强度下降了 91%。

②在发动机喷口处设置红外辐射挡板或巧妙设计飞机的布局，使一些部件（如尾翼）遮挡尾焰的红外辐射；把发动机的尾喷管向上弯曲，改变热气流的

走向，使探测系统不便探测，如法国的"海豚"直升机就采用了此方法。

③加长飞机尾喷管，使出射尾流温度降低。例如，1 m 长尾喷管尾焰温度约为 500 ℃，其峰值波长为 5.8 μm，尾喷管加长到 4 m 时，尾焰温度可降到 250 ℃。

④采用二元喷管（喷口为矩形）或异形喷管。矩形或异形喷口增加了排气的截面或周界，使气流降温；二元喷管可加速冷、热气流的混合，使排气流的温度迅速降低。例如，F-117A 采用了 183 cm×15 cm 的很宽、很扁的矩形喷口，且内装 11 片导流片，喷口下边缘有向后上方跷起的斜板，从而使尾焰向外发射的红外辐射总量减少，且不易探测。

⑤改进燃料。加入某种添加剂，使喷焰红外辐射波长超出大气窗口，或在喷焰中加入红外吸收剂吸收热量，降低喷焰温度。当然，使燃料充分燃烧（使喷焰的发射率低）也可减少尾焰的红外辐射。

⑥在机身上涂覆红外隐身材料，利用它的吸热或隔热机理降低蒙皮温度。

⑦利用气溶胶屏蔽发动机尾焰的红外辐射。例如，将含有直径为 1～100 μm 的金属化合物微粒的环氧树脂、聚乙烯树脂等可发泡的高分子物质热流随气流一起喷出，在空气中遇冷便雾化成悬浮状泡沫塑料微粒，可有效地遮挡或屏蔽尾焰的红外辐射。

⑧采用回复式再生循环发动机。充分利用发动机排气中的热资源，可使耗油率降低，也可减弱排气的红外辐射。

⑨把尾喷管做成金属-石棉-金属夹层结构，以降低排气温度。例如，美国的 OH-5 直升机上就采用过这种技术。

目前，红外隐身技术已在飞机、导弹、坦克、军舰上得到应用，并取得了显著效果。例如，F-117A 隐身飞机，由于采取多种隐身措施，其红外辐射降低了 90%。

对目标的红外隐身包括两方面的内容。一是降低目标的红外辐射强度，即通常所说的热抑制技术；二是改变目标表面的红外辐射特性，即改变目标表面各处的辐射率分布。

(1) 降低目标的红外辐射强度技术。降低目标的红外辐射强度也可称为降低目标与背景的热对比度，使敌方红外探测器接收不到足够的能量，减少目标被发现、识别和跟踪的概率。具体可采用以下几项技术手段和措施：

①采用空气对流散热系统。空气是一种选择性的辐射体，其辐射集中在大气窗口以外的波段上，或者说空气是一种能对红外辐射进行自遮蔽的散热器。因此，红外探测器只能探测热目标，而不能探测热空气。为了充分利用空气的这一特性，目前正在研制和采用空气对流系统，以便将热能从目标表面或涂层表面传给周围空气。空气对流有自然对流和受迫对流两种。完成自然对流的系统是一种无源装置，不需要动力，不产生噪声，可用散热片来增强能力。完成受迫对流的系统是一种有源装置，需要风扇等装置做动力，其传热率高。空气对流散热系统只适用于专用隐身，不适合于做通用隐身手段。

②涂覆可降低红外辐射的涂料。这种涂料通过两种途径来降低目标红外辐射强度。一是降低太阳光的加热效应，这主要是因为涂料对太阳能的吸收系数小。二是控制目标表面发射率，这又有两种方式：降低涂料的红外发射率；使涂料的发射率随温度而变化，温度升高，发射率降低，温度降低，发射率升高，从而使目标的红外辐射能量尽可能不随温度的变化而变化。

③配置隔热层。隔热层可降低目标在某一方向的红外辐射强度，可直接覆盖在目标表面，也可距目标一定距离配置，以防止目标表面热量的聚集。隔热层主要由泡沫塑料、粉末、镀金属塑料薄膜等隔热材料组成。泡沫塑料能储存目标发出的热量，镀金属塑料薄膜能有效地反射目标发出的红外辐射。隔热层的表面可涂不同的涂料以达到其他波段的隐身效果。在用隔热层降低目标红外辐射特性的同时，由于隔热层本身不断吸热，温度升高，为此，还必须在隔热层与目标之间使用冷却系统和受迫空气对流系统进行冷却和散热。

④加装热废气冷却系统。发动机或能源装置的排气管和废气的温度都很高，排气管的温度可达 200~300 ℃，排出的废气是高温气体，可产生连续光谱的红外辐射。为降低排气管的温度，可加装热废气冷却系统，该系统在消除废气中的热量的同时，又不加热可见表面。目前研制和采用的有夹杂空气冷却和液体雾化冷却两种系统。夹杂空气冷却就是用周围空气冷却热废气流，它需要风扇做动力，存在噪声源。液体雾化冷却主要通过混合冷却液体的小液滴来冷却热废气，这种冷却方法需要动力，以便将液体抽进废气流，而且冷却液体用完后，需要再供给。

⑤改进动力燃料成分。通过在燃油中加入特种添加剂或在喷焰中加入红外吸收剂等措施，降低喷焰温度，抑制红外辐射能量，或改变喷焰的红外辐射波段，使其辐射波长落入大气窗口之外。

（2）改变目标表面的红外辐射特征技术。具体可采用以下几项技术手段和措施：

①模拟背景的红外辐射特征技术。采用降低目标红外辐射强度的技术，只能造成一个温度接近于背景的常温目标，目标的红外辐射特征仍不同于背景，还有可能被红外成像系统发现和识别。模拟背景红外辐射特征是指通过改变目标的红外辐射分布状态或组态，使目标与背景的红外辐射分布状态相协调，使目标的红外图像成为整个背景红外辐射图像的一部分。模拟背景的红外辐射特征技术适用于常温目标，通常采用的手段是红外辐射伪装网。

②改变目标红外图像特征新技术。每一种目标在一定的状态下都具有特定的红外辐射图像特征，红外成像侦察与制导系统就是通过这些特定的红外辐射图像来识别目标的。改变目标红外图像特征的变形技术，主要在目标表面涂覆不同发射率的涂料，构成热红外迷彩，使大面积热目标分散成许多个小热目标，这样各种不规则的亮暗斑点打破了真目标的轮廓，分割、歪曲了目标的图像，从而改变了目标易被红外成像系统所识别的特定红外图像特征，使敌方的识别发生困难或产生错误识别。

4. 激光隐身技术

激光隐身技术就是使目标的激光回波信号降到尽可能低的程度，从而使目标被敌方发现的概率降低，使被探测的距离缩短的技术。

激光隐身从原理上与雷达隐身有许多相似之处，它们都以降低反射截面为目的。激光隐身就是要降低目标的激光反射截面，与此有关的是降低目标的反射系数及减小相对于激光束横截面区的有效目标区。为此，激光隐身采用的技术有以下几项：

（1）采用外形技术。消除可产生角反射器效应的外形组合，变后向散射为非后向散射，用边缘衍射代替镜面反射，用平板外形代替曲面外形，减少散射源数量，尽量减小目标的外形尺寸。

（2）吸收材料技术。吸收材料可吸收照射在目标上的激光，其吸收能力取决于材料的磁导率和介电常数。吸收材料从工作机制上可分为谐振（干涉）型与非谐振型两类。谐振型材料中有吸收激光的物质，且其厚度为吸收波长的1/4，使表层反射波与其干涉相消。

非谐振型材料是一种介电常数、磁导率随厚度变化的介质，最外层介质的磁导率接近于空气，最内层介质的磁导率接近于金属，由此使材料内部较少出现寄生反射。吸收材料从使用方法上可分为涂料与结构型两大类。涂料型吸收材料可涂覆在目标表面，但在高速气流下易脱落，且工作频带窄。结构型吸收材料是将一些非金属基质材料制成蜂窝状、波纹状、层状、棱锥状或泡沫状，然后涂吸收材料或将吸波纤维复合到这些结构中去。

（3）采用光致变色材料。利用某些介质的化学特性，使入射激光穿透或反射后变成另一波长的激光。

（4）利用激光的散斑效应。激光是一种高度相干光，在激光图像侦察中，常常用于目标散射光的相互干涉而在目标图像处产生一些亮暗相间随机分布的光斑，致使图像分辨率降低。从隐身角度考虑，则可利用这一散斑效应如在目标的光滑表面涂覆不光泽涂层，或使光滑表面变粗糙，当其粗糙程度达到表面相邻点之间的起伏，与入射激光波长可以比拟时，散斑效果最佳。

4.3.3 激光反卫星系统

激光反卫星侦察始于苏联。早在20世纪70年代，苏联就成功用激光干扰美国侦察卫星，使卫星上的光学系统饱和。后来苏联又成功进行了十多次激光反卫星试验。美国在1989年1月9日通过了一项新的反卫星武器发展计划，将激光反卫星武器与动能反卫星武器放在同等重要的位置上，此举将激光反卫星武器推向了高速发展的快车道。

同防空和反导激光武器类似，激光反卫星武器也需要有强激光产生以及目标捕获、识别、跟踪、照明、光路补偿、光束控制等设施。配合不同的C3I系统，前面介绍的机载、舰载和陆基激光都可以作为独立的反卫星激光武器使用。此外，卫星本身也可以作为很好的反卫星平台，也就是天基激光（Space Born Laser，SBL）武器。天基激光武器有两大类：一类自身携带能源，能够独立作战；另一类只有大型中继镜，靠反射其他独立激光武器系统发射的激光作战。

本节的内容主要包括卫星的易损性、陆基激光反卫试验、天基激光反卫武器的概念和设想。

1. 卫星易损性分析

卫星是高价值侦察、通信工具，在获取和传递信息中起着至关重要的作用。然而卫星的轨道可以预先确定，暴露给反卫星武器攻击的时间较长（通常为 100 s），并且受到攻击时只能做简单的规避或者根本不会主动规避，因此相对于反导和防空激光武器，用激光打击卫星具有更高的效费比。

据报道，地面反卫星激光武器典型的作用距离是 500～2 000 km，交战时间为 100 s 左右。激光束要在这段时间内稳定工作，对卫星定点照射，达到干扰、破坏甚至摧毁卫星的目的。按照破坏程度的不同，反卫星激光武器对卫星的破坏分为以下几种：破坏卫星硬设施，如防护层、天线、太阳能电池板等；破坏卫星热平衡，烧毁光电探测系统，造成探测器饱和的暂时致育等不同层面、不同程度的破坏。不同的破坏视作战目的而定，对激光武器的发射功率、光束质量、光束控制也有不同的要求。从试验结果看，硬破坏需要的功率较高，要求上靶功率密度在每平方厘米百瓦量级甚至更高，可以迅速去除热控制材料，烧毁太阳能帆板，使高压容器破裂，毁坏卫星天线等，给卫星造成不可恢复破坏。相应地，要求地面激光器能够有几兆瓦的连续输出功率。考虑到大气传输窗口，目前满足这一输出功率的只有氟化氪激光器和化学氧碘激光器。实施硬破坏的激光武器系统的复杂度、费用和工程管理难度都比较高，灵活性也低。相比之下，破坏卫星热平衡要容易得多。热管理是卫星设计中的一个关键因素，通常通过对表面材料的吸收率和辐射率的合理控制，让卫星总体吸收和辐射达到平衡，同时采用热交换设施，使卫星内部温度保持在很窄的范围内，保证卫星内部电子系统能正常工作。当激光在卫星表面形成每平方厘米一至几百焦耳的能量辐射时，就可以对卫星热管理表面造成一定损伤，从而打破卫星热平衡，导致破坏性的温度偏差，造成卫星故障。由于卫星上的光电传感器灵敏度高，仅需要数十瓦的功率就可以使之饱和而失去工作能力，使激光进入卫星成像传感器的视场，因此很有可能成为反卫星武器的重要发展方向。研究表明，地基激光反卫星系统也可以对中轨卫星甚至同步轨道卫星造成损害，因为卫星即使只接受零点几瓦辐照度的激光照射，长时间（比如 100 s）

累积加热也可造成太阳能电池帆板或者星体过热，引发故障。

2. 陆基激光反卫星试验

从 20 世纪 90 年代初，美国陆军战略防御司令部用先进中红外化学激光器和"海石"光束定向器进行了一系列试验。在 1991 年 8 月 20 日进行的试验中，激光束跟踪并击中了约 14 km 高空飞行的无人靶机，达到了全部的试验目的，解决了以往试验中所遇到的全部问题，证明 MIRACL/SLBD 已具备有限反卫星能力。

美国陆军于 1997 年 7 月正式向美国国防部提出进行激光反卫星试验申请，并将目标选定为使用寿命到期的 MST1-3 卫星。1997 年 10 月得到美国国防部批准，在高能激光系统试验中心进行试验，于 1997 年 10 月 17 日晚，美国陆军用高功率 MIRACL 向位于 420 km 高空的 MST1-3 卫星发射了两次激光，据估计发射功率约为 500 kW，卫星当时正以 26 800 km/h 速度运行，试验中并没有收到卫星回传数据，但是有一点可以肯定，这两次发射均没有对卫星造成致命损坏，后来的低功率化学激光器试验证实了这一点。1997 年 10 月 21 日和 23 日利用（LPCL）进行了 4 次发射，试验成功收到卫星回传数据，证实低功率激光可以使卫星上的光电探测系统饱和。但是美方并未公布 LPCL 的详细资料，只知道其工作波长与 MIRACI 相同，但功率可能不到 MIRACL 的万分之一 $\sqrt{(200\ W)}$，也有报道指出实际发射功率仅为 32 W。总之这两次试验证明用低功率激光器干扰低轨卫星是一种非常有效的手段。

3. 天基激光反卫星武器

2000 年 2 月，美国弹道导弹防御局与波音公司、洛克希德·马厂公司和 TRW 公司签订了 18~24 个月激光集成运行试验（SBI-IFX）的合同，总金额为 1.27 亿美元。在一年多的试验中，SBL-IFX 对 Alpha 激光器进行优化，使之适合于星载使用，并研制了大型先进反射镜。八场激光器是 20 世纪 80 年代中期设计的一种高功率 HF 激光器，由于受大气传输窗口限制，不适合于大气传输。经过改进之后输出的光束质量得到改善，输出光斑接近圆形，而且能量密度更均匀，非常适合于星载激光武器。SBL-IFX 还进行了多次非冷却变形镜高能激光试验，完成了 4 m 的大型发射镜 4.5 s 的闭环波前和抖动控制试验，SBL-IFX 也进行了星载激光的光束控制试验，主要采用了机载激光的光束控制技术。

2002年10月31日，美国导弹防御局宣布撤销天基激光综合飞行试验计划办公室，但技术试验仍将进行天基激光综合飞行试验是一项长期的大型空间技术演示试验，据估计将耗资4亿美元，计划在2012年向太空发射一台大功率激光器，在空间试验拦截经改装的民兵洲际导弹，以验证天基激光武器摧毁助推段弹道导弹的技术可行性，也将评估天基激光武器攻击非弹道导弹的适应性，其中包括用它摧毁敌方卫星。2004年2月公布的美国"空军转型飞行计划"表明，空军转型的重点是发展太空武器，其中包括可展开的空天全球激光交战中继镜（FAULERM）系统。

受大气影响，陆基激光反卫星系统和天基中继反卫星系统在激光工作波段上都有严格限制。高能光束穿过大气层还会受到湍流和热晕的影响，为了使光损耗在可接受的范围之内（通常小于50%），必须配备自适应光学补偿系统。前面介绍的美国海军的"海石"光束定向器是一种不带自适应光学补偿系统的光束发射望远镜外。美国空军除了有机载激光中用到的1.5 m带自适应光学补偿光束发射望远镜外，还独立研制了3.5 m孔径带自适应补偿的发射望远镜，它具有941个自适应补偿单元。试验证明，即使不参考主动照明光源，仅用目标图像作为补偿参考信标，经过补偿之后的功率密度也可以提高10倍。预计未来天基激光武器可能采用的激光器有氧碘激光器、氟化氢泛频激光器、二极管泵浦固体激光器和相控阵二极管激光器，甚至有可能采用波长更短的X射线激光器。直径15 m的激光发射主镜、薄膜加工工艺制造的大型轻质的光学系统、高平均功率相位共轭补偿技术和相控激光二极管阵列等一系列高能激光相关技术也会在天基激光武器系统中得到应用。

第5章

导航对抗

5.1 卫星导航系统和卫星导航对抗

5.1.1 卫星导航系统

目前在轨使用的卫星导航系统只有美国的全球定位系统（GPS）和俄罗斯的 GLONASS 卫星导航系统，而欧洲的"伽利略"卫星导航定位系统还处在开发之中。

1. GPS

GPS 是由美国国防部研制部署和控制的军民两用导航定位卫星系统。现在运行的 GPS 由 24 颗工作卫星和 4 颗备用卫星组成，分布在 6 个等间距的接近圆形的轨道平面上，每个轨道面上有 4 颗工作卫星，用户在任何时间至少能看到 4～6 颗卫星，定位一次仅需几秒，可实现全球范围内连续的和近实时的定位、测速与授时。

GPS 所发射的信号编码有精码与粗码之分，精码保密，主要提供给本国和盟国的军事用户使用，定位精度较高；粗码则提供给本国的民用和供全世界用户使用。然而在战时，粗码的定位精度可人为地降低，使其他方得不到正常的导航信息。

在 1991 年的海湾战争中，GPS 首次应用于实战就获得了不菲的战绩。当时多国部队的地面作战部队、坛机、舰艇和特种作战部队配备了约 5 500 台 GPS 军用接收机和 10 000 台 GPS 民用接收机，每天可及时接收在轨运行的 16 颗 GPS 卫星发射的高精度三维导航信号，因而大大提高了部队的机动、打击和保障能力。

在科索沃战争中，由于战区恶劣的大气和复杂的地形条件，应用其他制导方式的巡航导弹和灵巧炸弹等攻击精度受到很大制约，于是北约把大批巡航导弹和灵巧炸弹都改用了全天候、自主式惯导全球定位系统（INS：Inertial Navigation System/GIS：Geographic Information System）制导。例如，美国的 B - 2 战略隐形轰炸机本身就采用了 GPS 进行导航定位，而所携带的 16 枚制导炸弹由激光制导改为 GPS 制导后，该机具备了夜间和全天候精确打击能力；另外，F - 15E 与 F - 16 作战飞机使用的 AGM - 130 远程空地导弹、舰射"战斧"式巡航导弹、空射 AGM - R6 巡航导弹等也都使用了 GPS 制导。有关专家认为，如果没有 GPS，美军精确制导武器就难以施展威力和发挥作用。

随着现有 GPS 中占主体的第二代卫星陆续接近"退役"年龄，美国正加紧新一代 GPS 的研制和部署。2003 年 12 月 21 日，美国空军成功地发射了一颗新的 GPS 换代卫星，这颗代号为 2R - 10 的新型卫星造价约 4 500 万美元，使用寿命预计为 10 年，属第三代定位卫星。第三代 GPS 将完全不同于现役卫星的体系结构，该系统将至少使用 27 颗卫星，备份星至少有 6 颗，特别是使用了更高功率的 M 码信号，可以大大提高对付潜在 GPS 干扰威胁的能力。

2. GLONASS 卫星导航系统

与 GPS 一样，俄罗斯 GLONASS 卫星导航系统也是由军方负责研制和控制的军民两用导航定位卫星系统。据悉，由 24 颗卫星组成的 GLONASS 卫星导航系统，有工作卫星 21 颗，分布在 3 个轨道平面上，并有 3 颗备份星。星上分别采用军用精码和民用粗码两种导航码，可提供全天候、全天时、高精度的三维导航定位和授时服务，其定位精度比 GPS 的定位精度略低。

GLONASS 与 GPS 有许多不同之处，主要表现在以下几个方面：

（1）卫星发射频率不同。据悉，GPS 的卫星信号采用码分多址体制，每颗卫星的信号频率和调制方式相同，不同卫星的信号靠不同的伪码区分；而 GLONASS 采用频分多址体制，卫星靠频率不同来区分，GLONASS 可以有效地防止整个卫星导航系统同时被敌方干扰，因而具有更强的抗干扰能力。

（2）坐标系不同。GPS 使用世界大地坐标系，而 GLONASS 使用苏联地心坐标系，两者各有所长。

（3）时间标准不同。GPS 系统时与世界协调时相关联，而 GLONASS 则与莫斯科标准时相关联。GlONASS 卫星设计寿命为 7～8 年，具有良好的信号特性。遗憾的是，由于俄罗斯经济上的原因，GLONASS 自完成系统组网后维护困难，只在 1998 年 12 月进行过一次补网发射。目前 GIONASS 在轨工作的卫星仅有 10 颗左右，一直处于降效运行状态。

3. "伽利略"卫星导航系统

为了摆脱受制于人的窘境，也为了能在卫星导航领域中占有一席之地，欧洲认识到建立拥有自主知识产权的全球卫星定位系统势在必行，并于 20 世纪 90 年代起，开始着手对"伽利略"卫星导航定位系统计划进行论证，由于美国的极力反对以及欧盟内部存在分歧，直到 2002 年 3 月欧盟各国才终于达成一致，同意斥资 27 亿美元，计划在 5 年内完成"伽利略"卫星导航定位系统的部署工作，即在 2008 年建成并投入运营。据报道，"伽利略"卫星导航系统由 30 颗卫星组成，卫星采用中等地球轨道，均匀地分布在高度约为 2.3×10^4 km 的 3 个轨道面上，地面控制设施包括卫星控制中心和提供各项服务所必需的地面设施，负责卫星星座的测定、管理和播发集成信息。"伽利略"卫星导航系统可向全球播发政府管理和搜救等多项服务 5 种信号，这些信号支持商用。据悉，"伽利略"卫星导航系统不但面向全球，还有区域服务单元，即把全球划分为 8 个区域，可发送针对各自区域的集成信息，系统能满足机场、港口、铁路、公路、工业密集区等不同场合的定位要求，并有很高的定位精度。"伽利略"卫星导航系统另一种典型功能是信号中继，即向用户接收机的数据传输，例如，通过移动通信网来实现。

"伽利略"卫星导航系统服务中心是面向用户的窗口，接收机是用户接收定位信号的设备，可根据用途不同分为不同的种类，不仅可以接受本系统信号，而且可以接受 GPS、GLONASS 这两大系统的信号，并且具有导航功能与移动电话功能相结合，与其他飞行导航系统相结合的优越性能。

据称，"伽利略"卫星导航定位系统确定地面或近地空间位置要比 GPS 精确 10 倍。其水平定位精度优于 10 m，如果与 GPS 合作使用甚至能精确至 4 m。

5.1.2 GPS 概况

在 1991 年的海湾战争中，GPS 首次得到实战应用，大大提高了以美军为首的多国部队的机动、打击和保障能力，书写了信息化战争史中的重要一笔，其后，在科索沃、阿富汗及 2003 年的伊拉克战争中，以 GPS 为基础的各种军事技术和手段得到了越来越广泛和深入的应用，皆获得了不菲的战绩。目前，

GPS 已经融合到美国军事作战的各个方面，成为美军的关键信息基础设施；同时，GPS 也在世界各国军民部门得到了广泛应用。鉴于这些原因，本节主要以 GPS 为论述对象。

1. 现役 GPS 的脆弱性

由于在 GPS 设计时，干扰环境下的工作能力不是优先考虑的因素，它只是作为一种导航的辅助工具，而不是用于精确制导武器，因此该系统在军事应用方面面临的安全问题非常突出。

（1）GPS 信号频率是公开的，其调制特征也广为人知。GPS 卫星以双频发射导航信号，其中 L_1 为 1 575.42 MHz，以正交方式分别调制 P（Y）码和 C/A 码；而在 L_2 为 1 227.60 MHz，目前只调制了 P（Y）码。

GPS 接收机以码分多址形式区分各个卫星信号。采用的伪码有 C/A 码、P 码和 Y 码 3 种。C/A 码信号供一般用户使用；P 码信号定位精度高、保密性好，仅供美军和特许用户使用，但编制 P 码的方程式已经公开，因而美军已实施 A-S 政策，将 P 码加密编译成 Y 码。

由于 GPS 卫星发射的导航信号频率是众所周知的，且难以改变，其现役系统的调制特征又广为人知，因此，现役 GPS 系统是不利于抗干扰的。

（2）GPS 卫星距地球表面远，信号功率小的卫星发射的信号功率不可能很大，且 GPS 卫星距地球表面又远（20 200 km），故信号到达地球表面时相当微弱。GPS 到达地面最小的信号功率分别为 -160 dBW（C/A 码）、-163 dBW（L_1P 码）和 -166 dBW（L_2P 码），由于各种因素的影响，最大信号电平也分别不超出 -153 dBW、-155 dBW 和 -158 dBW 这样弱的功率电平，其强度相当于在 16 000 km 处一个 25 W 的灯泡发出的光，或者说，它为电视机天线所接收到功率的 $1/10^9$，这就很容易受到干扰。

（3）GPS 信号的抗干扰裕度不大。GPS 导航信息码速率为 50 bit/s，C/A 码的码速率为 1.023 Mbit/s，相应有 43 dB 的处理增益；P(Y) 码的速率为 10.23 Mbit/s，处理增益为 53 dB，但处理增益不等于抗干扰裕度，C/A 码的码长为 1 023 bit，则周期仅 1 ms，通过解扩只能获得 30 dB 的处理增益，另外的 13 dB 增益是通过 20 个相关峰的积累形成的，所以环路的处理增益会有 43 dB。同时，一般也要求接收通道的信噪比大于 10 dB 才能正常工作，还有接收机的相关损耗应大于 1 dB。综合各种试验报道数据，C/A 码接收机的抗干扰裕度应在 30 dB 以下，一般认为是 25 dB。P 码的抗干扰裕度应在 42 dB 左右。

（4）GPS 导航电文数据率低，信息更新慢。导航电文是卫星提供给用户的信息，它包括卫星状态、卫星星历、卫星钟偏差校正参数及时间等内容。GPS 导航电文由 5 个子帧组成一个 50 个字的帧，每个子帧 10 个字，每个字 30 个码位，共 1 500 个码位。因为导航电文的传输速率仅为 50 bit/s，所以传输一帧需要时间为 30 s。

25 个帧的导航电文组成一个主帧，在帧与帧之间，子帧 1、2、3 的导航信息一般相同，包含了基准时间、各种校正参数、用于确定卫星位置的卫星星历等定位用的参数，每 30 s 重复一次；但子帧 4 和 5 的历书，则各含有 25 个不同的页，要播发完一个主帧才是一个完整的历书，需时间 12.5 min。

子帧 1、2、3 每小时更新一次数据，子帧 4 和 5 的数据仅在给卫星注入新的导航数据后才更新子帧的头 2 个字，都是遥测字（TEL）和转换字（HOW），由星载设备产生；后面 8 个字为导航信息或专用电文，由地面控制站注入给卫星。地面控制站每 8 h 向卫星注入一次新的导航数据。

2. GPS 抗干扰技术的发展

（1）改进现役的军用 GPS 接收机。

①PLGR 手持式接收机及其改进。PLGR 为手持式接收机，有 5 个信道，具备差分功能，质量小于 2.7 kg，天线可内置或分离，采用 RS 232 和 RS 422 数据接口，但只能在 L_1 频率上单频工作。

PLGR 改进型为 PLGRU，工作在 L_1 和 L_2 双频上。试验证明，在实际环境中，当 PLGR 已不能工作时，PLGRU 还能继续工作，说明改进后提高了抗干扰能力。另外，PLGR 为重新捕获 P(Y) 码，最多只允许处于备用状态 1 h。而 PLGRU 允许处于备用状态 98 h 还能重新捕获 L_1P(Y) 码，允许处于备用状态 4 h 还能重新捕获 L_2P(Y)，这也表明 PLGRU 对电池的消耗大大降低了。

②MAGR 机载接收机及其改进。现有的军用机载 GPS 接收机 MAGR 要先捕获民用的 C/A 码才能转入跟踪军用的 P(Y) 码，其主要改进在于对 P(Y) 码进行直接捕获和引入 GPS 接收机应用模块（GRAM）两个方面。

MACR 的改进型为 MAGRU，使用的是多相关器技术。在 MAGRU 中还引入了 GPS 接收机应用模块（GRAM），这是一种公用插件板，它建立起了一种开放式的结构，在未来可以快速和高效费比地使军用 GPS 接收机升级。GRAM 还可嵌入 GPS/INS 和 GPS/多普勒组合导航接收机中。

③DAGH 新一代移动式接收机。美国的下一代移动式低价格 GPS 接收机称为国防先进 GPS 接收机，其中包括应用模块和选择可用性反欺骗模块。

(2) 采用 GPS 与 INS 组合导航技术。

在众多的抗干扰技术中，最引人注目的是 GPS 与 INS（惯性导航系统）的组合使用，其完美的组合不仅可在导航能力方面达到取长补短，而且使抗干扰能力得到大大加强。因为 GPS 与 INS 组合以后，就可以用 INS 提供的平台速度信息来辅助 GPS 接收机的码环和载波环，使环路的跟踪带宽可以设计得很窄，进一步抑制带外干扰，提高 GPS 接收机输入端上的信干比，从而使接收机的抗干扰能力提高 10~15 dB。

GPS 与 INS 的组合，还使得干扰机在察觉受到强压制干扰时，干脆断开 GPS 通道，由惯性导航系统继续完成导航任务，且在干扰消失后，来自 INS 的速度辅助信息又可协助 GPS 迅速重新捕获信号。这样 GPS 与 INS 组合导航系统的最大误差不会大于 INS 的积累误差，使导航系统的可靠性得到大大加强。

目前这种组合导航方式已在各类军用飞机、军舰、巡航导弹、精确制导炸弹等平台和武器装备方面获得了广泛的应用。

应用这种技术的典型例子是由利顿公司研制的 GPS 制导组件，它与美国陆军的航空与导弹司令部签订合同，1999 年中期提供了 8 部生产型样机进行试验。美军一共要用它装备 10 万枚导弹和 6 000 辆战车。这种 GPS 制导组件由一部 10 通道 GPS 接收机、一部漂移率为 0.8 nm/h 的惯导和一部导航计算机组成，质量为 3.2 kg，体积为 1.6 cm^3，装在一个机壳中，已在 F/A-18 飞机上做过试验。

(3) 采用自适应调零天线。

到目前为止，自适应调零天线技术还是美军提高 GPS 接收机抗干扰能力的主要方法。一般 GPS 接收机采用单一天线，而自适应调零天线是包括多个阵元的天线阵，阵中各天线与微波网络相连，而微波网络又与一个处理器相连，处理器对从天线经微波网络送来的信号进行处理后反过来调节微波网络，使各阵元的增益和（或）相位发生改变，从而在天线阵的方向图中产生对着干扰源方向的零点，以减低干扰机的效能。可能抵消的干扰源数量等于天线阵元数减1，如天线阵元数为7，则最多可能抵消来自不同方向的6个干扰。如果做得好，自适应天线可以使GPS接收机的抗干扰能力提高40~50 dB。比如波音公司对联合直接攻击弹药进行的修改，它把原用的单一GPS天线改成了4根天线，其中3根天线等间隔地分布在一个直径6 in（1 in=2.54 cm）的半球上，第4根布置在一半球的顶上，还增加了一个由哈里斯公司研制的抗干扰电子模块，模块中包含有射频电路和数字电路板，体积为7 in×8 in×1 in，质量为1.8~3.6 kg，功耗为10~15 W。该抗干扰电子模块再与波音公司的制导单元相集成，制导单元使用了柯林斯公司的GPS接收机和霍尼威尔公司的激光捷联惯导，相互为紧耦合组合。1998年对这种改进的联合直接攻击弹药进行了试验，试验时飞机在14 436 m的高空投弹。当干扰机工作在小功率时，目标命中误差为3 m。当用大功率干扰机，在用110 m/h的风切变时，目标命中误差为6 m。再如，F-16采用由7个阵元组成的GPS自适应调零大线阵；雷神公司研制的抗干扰GPS接收机采用了5个阵元的自适应调零天线，用于下一代的"战斧"式导弹Block IV；洛克希德·马丁公司也要将改型的这种抗干扰接收机用于联合空地远程导弹中。

(4) 采用P（Y）码的直接捕获技术。

前面已述，现有P（Y）码接收机要先捕获C/A码才能转入跟踪军用的P（Y）码，但C/A码只有25 dB的抗干扰能力，而P（Y）码有42 dB的抗干扰能力。因此，军用码的直接捕获技术可使接收机的抗干扰能力改善17 dB。

1990年5月29日，美国国防部副部长重申，所有军兵种在直接作战操作中，必须使用军用码接收机，按照这一政策，美国要将现有军用的只能在L_1频率上工作的民用小型手持式GPS接收机改进成可在L_1和L_2双频工作的军用接收机。目前的直接P（Y）码捕获技术有两种：一种采用小型化的高稳定时钟；另一种为多相关器技术，据称可采用1 023个并行相关器工作。比如，新一代军用机载GPS接收机（MAGRU）使用的就是多相关器技术，可直接捕获P（Y）码。

(5) 采用抗干扰信号处理技术。

抗干扰信号处理技术可以带来 10 dB 以上的抗干扰效果，对窄带干扰有较为显著的抑制能力，比如，自适应非线性 ADC，可以检测连续波干扰和保护预相关 ADC；瞬时滤波技术可对抗窄带射频干扰等。GPS 接收机抗干扰滤波器处理技术可以分为频谱滤波、空间滤波和时间滤波。频谱滤波可以在接收机的射频或中频进行，能抑制带外和带内干扰。对于带外干扰，一般采用多极陶瓷谐振器或螺旋谐振器或采用按用户要求设计的声表面波滤波器来提供高抑制度的、良好的选择性。对有意干扰这样的带内干扰，只有采用计算复杂的高成本措施。空间滤波采用多个天线，根据到达角对不需要的信号进行滤波。时间滤波将在时间域内对信号特征进行处理。

GPS 接收机抗干扰滤波器处理技术可大大提高接收机的抗干扰性能，是一个正在高速发展的领域。由于该处理技术可以用微电子线路或软件来实现，不像自适应调零天线那样需要增加设备的体积、质量和价格，美军认为很有发展价值，打算着力开发。

(6) 对 GPS 干扰源的探测和定位系统。

该系统用于探测对 GPS 的无意干扰或人为干扰的干扰源，确定干扰源位置，收集干扰源的详细信息，以便采取相应的保护措施。系统可做成吊舱或直接安装在 EA－6B、F－18、EP－3 等多种平台上。提高 GPS 的抗干扰性能将迫使敌对方增加干扰机的信号功率方能维持其有效性，最终的结果是干扰机的尺寸和射频能量出现增长，从而容易受到探测和反辐射导弹的攻击。据称如果 GPS 接收机的抗干扰能力提高大约 18 dB，就会使处于固定位置上的干扰机受到攻击。如果提高 40 dB 或更多，干扰机遭受攻击的可能性将更大，从而保持 GPS 系统工作的可靠性。

5.1.3 卫星导航对抗的基本概念

1. 卫星导航对抗的作战对象

现代战争是信息化战争，制信息权是现代战争的重要基础。卫星导航系统能在全球范围内全天候地提供精确的位置、速度、时间（PVT）信息，可对信息化作战中的指挥控制和武器性能等产生巨大的影响，已成为现代战争中一种重要的信息基础设施。为此，世界各有关国家对卫星导航对抗的研究和实践也开始兴盛起来,最为典型的就是对 GPS 的对抗,已发展成电子战的一个新领域。

目前,GPS 对抗的作战对象是各种电子信息武器装备(如各类作战飞机、无人机、巡航导弹、制导炸弹等)使用的 GPS 接收机,对抗的目的是干扰甚至欺骗用户接收机,使其不能正常接收导航卫星的信号。据称,在 1999 年的科索沃战争中,俄罗斯有关方面就试验过 GPS 干扰机,并证明是有效的。而战场上的 GPS 对抗,在 2003 年的伊拉克战争中也崭露头角。

2. 卫星导航对抗的基本途径

目前对卫星导航系统进行对抗的技术体制有两种:一种是压制干扰;另一种是欺骗干扰,就是让干扰信号进入 GPS 接收机,当干扰信号强到一定程度后,接收机接收的卫星导航信号会被淹没掉,接收机就不能正常工作了。所以原则上说,能够产生的干扰信号越大越好,干扰功率越大,干扰能达到的距离就越远,覆盖的范围也就越大。当然功率越大,所花费的成本就越高,技术实现也就越难。而且随着卫星导航系统的抗干扰能力越来越强,压制所需要的干扰功率就越来越大,甚至大到不能承受的程度。另外,发射功率大就容易遭受敌方反辐射武器的攻击,干扰机就不安全了。因此不能光拼功率,需要采用一些巧妙的干扰方法。例如:

(1)采用灵巧的干扰样式。这是抓住卫星导航信号的特点和弱点,设计专门的干扰信号,可以大大节省干扰功率,而且,这样的干扰样式还有部分的欺骗效果。

(2)采用合适的干扰战术。卫星导航信号来自全空域的四面八方,因而干扰系统也应该是分布式的。采用分布式干扰,在某个防区内布置多台干扰机,不仅可以增强干扰能力,而且可以增强抗反辐射武器的能力。另外,干扰机应有良好的机动性,最好能升空实施机动干扰。

(3)研究发展 GPS 欺骗干扰技术。欺骗干扰可以隐蔽干扰信号,节省干扰功率,增大卫星导航系统用户接收机的定位误差,甚至可使卫星导航系统得到错误的定位数据,或使卫星导航系统用户不敢相信定位数据。

5.2 干扰原理

1. 对 GPS 接收机的欺骗式干扰

要理解对 GPS 接收机的欺骗式干扰原理，需要回顾 GPS 定位原理。

GPS 定位原理如图 5.1 所示，S_1、S_2、S_3 分别为 3 个球心，它们分别代表导航接收机接收到信号的 3 颗导航星的位置。GPS 接收机根据接收到的卫星导航信号，可以计算出接收机到导航卫星的距离，则 GPS 接收机必定处于以导航卫星为中心，以 GPS 接收机到导航卫星为半径的球面上。根据几何学原理，3 个球面相交于两点。3 个球面有两个交点，分别为 P_1 和 P_2，其中一点位于远空间，另一点则是接收机的位置。

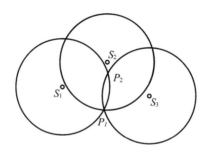

图 5.1　GPS 定位原理

据此，从理论上说，GPS 用户只需测量 3 颗卫星信号的传播时延，就可以得到自身位置。但实际上，测量到的 τ 值还包含着卫星时钟和用户时钟的时间差 Δt。因此，伪距离 r 与真实距离 r' 之间有一个误差 $c \cdot \Delta t$，需要再测第 4 颗卫星的伪距离，以消除误差。

2. 欺骗式干扰的体制和机理

（1）对 GPS 欺骗式干扰的体制从 GPS 定位的工作原理可知，用户接收机以卫星位置为球心（该位置由卫星发送的导航电文给出），以卫星到用户接收点的距离为球半径，测量多颗卫星信号的传播时间得到的多个"伪距"，再通过计算，就可确定用户接收机所处的坐标位置。据此，对 GPS 的欺骗式干扰可以有"产生式"和"转发式"两种体制。

"产生式"（或称作"生成式"）是指由干扰机产生、能被 GPS 接收的高逼真的欺骗信号，也就是给出假的"球心位置"。但"产生式"需要知道 GPS 码型以及当时的卫星导航电文数据，这对干扰军用 GPS 有非常大的困难。

利用信号的自然延时改变用户接收机测得的"伪距"的"转发式"干扰是最简单的欺骗式干扰方法，通过给出假的"球半径"可巧妙地实施欺骗，技术上也相对容易实现。

从 GPS 的定位原理可以看出，卫星信号经过干扰机转发后，增加了传播时延，使 GPS 接收机测得的伪距离发生变化，因而达到了欺骗的目的。从几何学原理可以知道，若分别处理各个卫星信号的传播时延，可使被干扰的 GPS 接收机测得的位置发生各种变化。

"转发式"干扰示意图如图 5.2 所示，经干扰后，GPS 接收机测量得到的伪距 r_1，r_2，$\cdots$，r_n 就变成了 d_1，d_2，$\cdots$，d_n，使被干扰的 GPS 接收机测得的位置发生了变化。

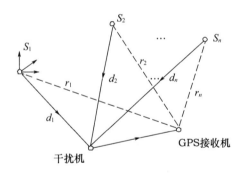

图 5.2 "转发式"干扰示意图

（2）转发式欺骗干扰的作用机理。转发式干扰信号是真实卫星信号在另一个时刻的重现，因而只是相位不同，但幅度更大。若转发式干扰信号在 GPS 接收机开机之前或进入跟踪状态之前就已经存在，接收机的同步系统就无法判别真伪，将首先截获功率更大的干扰信号并转入同步跟踪状态，同时将直达的卫星信号抑制掉。

若在转发式干扰信号到达之前，接收机的某个信道已经同步于卫星信号，则干扰到达后，将在环路中形成极为复杂的误差函数，该误差函数与转发式干扰信号的调制、接收机信道的特性、可视卫星数目等多种因素有关。

在最简单的情况下，欺骗式干扰信号的到达改变了码跟踪环的工作特性（误差函数）。随着干扰功率的增大，其跟踪状态越来越不能稳定，并会出现多个跟踪点。同时载波环也会受到随机延时带来的随机频偏的干扰，影响接收机对信号的跟踪。因此，简单的欺骗式干扰可使环路的平均失锁时间（Mean Time to Lose Lock，MTLL）显著增加，而一旦跟踪环路失锁，GPS 接收机将马上启动搜索电路，重新捕获所需信号。这时，功率相对较大的欺骗信号被优先锁定，从而达到干扰的目的。

另外，因为干扰信号是卫星信号的复制品，它们之间的相互作用将使 GPS 接收机的输入信号产生严重的衰落，环路的跟踪范围减小。由于 GPS 信号低于热噪声，GPS 接收机很难采用自动增益控制等方式来改善衰落性能。

再一方面，干扰机与 GPS 接收机之间距离的变化、各自时钟的漂移、相对运动造成的多普勒效应以及人为地加入随机延时等，使干扰机产生的信号时延不断地随机或受控变化，从而使得干扰信号与本振序列的相对时延也不断变化。这样，干扰信号的主能量不断有机会落入接收机的环路带宽之内，扰乱跟踪环的工作特性（误差函数）。当干扰信号大于直达的卫星信号后，跟踪环路会选择幅度较大的干扰信号进行锁定跟踪。

5.2.2 对 GPS 接收机的压制式干扰

GPS 接收机对全频带白噪声拦阻干扰的抗干扰性能与普通直接序列扩频码分多址系统的性能相近似，因此，与所有直接序列扩频码分多址系统一样，GPS 接收机也以全频带白噪声为抗干扰性能的参考基准。

1. 几种干扰样式的比较

（1）噪声调幅干扰。噪声调幅干扰一般用于部分频带干扰。经过分析比较之后，可以发现部分频带的窄带干扰比全频段拦阻干扰更为有效，且干扰功率相对可以节省 1/2。比较部分频带干扰还可以发现，单音（音调）干扰的效果是部分频带干扰所能达到的极限值。

（2）噪声调频干扰。噪声调频干扰的效果不仅与干扰信号的带宽、位置有关，也与干扰信号频谱的形状、结构有关。

(3) 伪噪声序列干扰。伪噪声序列干扰的干扰序列与扩频序列同频、同速时，干扰效果最好。经实验可以发现，系统达到同样的误码率时，序列干扰功率比宽带白噪声干扰节省 1/4。这里假定干扰序列与扩频序列正交，实际上，干扰信号和本地参考信号之间任何显著的互相关都会损害系统的性能。

(4) 相关干扰。当干扰机有一定的检测手段，能够提供直扩信号（如 GPS 信号）的载频、伪码速率等参数时，就能对直扩信号实施"互相关干扰"（简称"相关干扰"或"相干干扰"）。相关干扰就是采用这样一种干扰序列进行干扰，该序列同通信伪码序列有较大的平均互相关特性，同时要求干扰载频接近信号载频。知道通信序列的参数越多，越容易寻找相关干扰序列；干扰序列与信号伪码序列的相关性越大，干扰谱被展宽得越少，通过接收机窄带滤波器的干扰能量就越多，积分后达到的干扰幅度也越高。实际上，干扰序列与信号伪码序列的码速率不可能一致，故两序列之间的相对时延在不断变化，则互相关值也根据互相关函数做周期性变化，此时接收机窄带滤波器中的干扰平均功率为该周期内所有互相关绝对值的统计平均。

2. 压制式干扰效果的分析

从上面的分析可以看到，音调干扰效果较好，但单音干扰容易被消除，而且由于卫星的轨道不同、升降变化不同及用户的运动状态的不确定性等，各卫星到达用户接收端的信号载频对于干扰方来说是随机变化的。因此，在实施干扰时很难进行准确的频率跟踪瞄准，这样就会使单音干扰的效果受到不同程度的影响。为此，干扰方可采用锯齿波扫频，产生宽带多音干扰，且适当的频率调制还可扰动接收机环路的工作特性。调频噪声的频谱较宽，干扰不容易被消除，而其干扰效果接近音调干扰；但白噪声的干扰效果不好，且不利于充分发挥功放的效率。用相关码干扰在一定条件下可以起到较好的干扰效果，但相关干扰形成的起伏式的干扰幅度与恒定幅度的干扰效果有差别。相关干扰形成的正、负相关峰，对调制信息的 1 码（+1）和 0 码（-1）的干扰效果不同。不过，序列干扰至少可以比宽带白噪声干扰节省 1/4 的干扰功率，且当干扰序列同信号序列有一定的相关时，还可部分抵消接收机的处理增益，从而可以进一步节省干扰功率。相关序列干扰的时域和频域结构与卫星信号相类似，使得用户接收机很难抗拒。

实际上，对 GPS 的任何干扰信号都会在用户接收机上形成比较大的信干比，即使欺骗信号被识别，欺骗干扰仍然起到压制干扰的效果，且由于有一定的相关性还使之成为比较好的压制干扰样式。

参考文献

[1] 卢昱,王宇,吴忠望,等.空间信息对抗[M].北京:国防工业出版社,2009.

[2] 张永顺,童宁宁,赵国庆.雷达电子战原理[M].北京:国防工业出版社,2006.

[3] 何明浩.雷达对抗信息处理[M].北京:清华大学出版社,2010.

[4] 周一宇,安玮,郭福成.电子对抗原理[M].北京:电子工业出版社,2009.

[5] 蔡晓霞.通信对抗原理[M].北京:解放军出版社,2011.

[6] 郭黎利,孙志国.通信对抗应用技术[M].哈尔滨:哈尔滨工程大学出版社,2007.

[7] 李世祥.光电对抗技术[M].长沙:国防科技大学出版社,2000.

[8] 李云霞,蒙文,马丽华,等.光电对抗原理与应用[M].西安:西安电子科技大学出版社,2009.